Ⓢ新潮新書

平岡 聡
HIRAOKA Satoshi

ブッダと法然

684

新潮社

はじめに

今から約二五〇〇年前、ブッダは覚りを開き、その覚りの内容や体験を〈言語〉という媒体に託して脳外に表出したことで、仏教は人類の歴史に名を残す宗教となった。以来、そのブッダの教えに独自の解釈を加えて独創的な思想を打ち立てた仏教徒が、仏教史の表舞台を彩る。ほんの一例だが、インドのナーガールジュナ（龍樹《りゅうじゅ》）やヴァスバンドゥ（世親《せしん》）、中国の法蔵《ほうぞう》や智顗《ちぎ》、そして日本の最澄や空海などの名が思い浮かぶだろう。

視点を変えれば、他にも違った仏教徒の名前を挙げることも可能だが、ここでは、開祖ブッダとならび、特筆すべき仏教者として、日本の法然をとりあげたい。その理由については、後ほど触れる。

世界には様々な宗教が存在するが、土着の宗教にせよ世界宗教にせよ、神の存在や神の存在意義を認めない宗教はまずない。そんな中、仏教は神の〈存在〉は認めるが、神の〈存在意義〉は認めない、めずらしい宗教である。

輪廻世界、すなわち六道（地獄・餓鬼《がき》・畜生《ちくしょう》・阿修羅《あしゅら》・人・天）輪廻の最上位は天（神）の領域だが、それは依然として輪廻の域内に留まり、仏教はそれを絶対的な安らぎの場とは見なさない。

つまり仏教は、人間の幸不幸を司るのは神ではなく人間の心ととらえ、その心の変革に重きを置く。だが、心が大事だといっても、体を蔑《ないがし》ろにしているわけではない。心の変革を遂げるには、体を使った修行が必要だからだ。

神に近い存在として仏があるが、仏とは〈覚りを開いた人〉だから、神ではなく基本的に人である。二五〇〇年という長い歴史の中で、仏も多様に解釈されてきたのは事実だが、基本的に「仏は人である」と理解しなければならない。

このような宗教の存在は、世界の宗教史上、まれである。その教えが単に奇抜で斬新なだけであれば、仏教以外にも多くの宗教がこの条件を満たしたに違いないが、それは歴史の陶汰によってすでに消滅しているはずである。

また仏教の特徴として、その教えの対象が人間だけに留まらず、動物なども含めて〈生きとし生けるもの（衆生《しゅじょう》あるいは有情《うじょう》という）〉にまで拡大している点も指摘しておこう。人間だけが幸せになればよいという宗教ではないのだ。

その仏教が日本に伝来してから約五〇〇年後、ブッダの時代から数えれば、およそ一五〇〇年後、日本に法然が誕生した。仏教の歴史観からすれば、末法《まっぽう》という危機的な時代、国家が厳しく仏教を統制し、また多様な教えや修行法が混在する時代の日本にあって、はじめて〈専修念仏《せんじゅねんぶつ》〉という、一本筋のとおった宗教の絶対的価値を確立し、当時の国家権力の目の敵にされたのが、法然なのだ。

末法という時代を背景に、「念仏だけで救われる」という教えは、結果としてその他の行をすべて斥《しりぞ》けることになるが、ここまで徹底して筋を通したのは法然が最初であり、その〈専修〉という考え方は、その後の鎌倉仏教の祖師たちにも大きな影響を与えた。親鸞の信心、道元の只管打坐《しかんたざ》、日蓮の題目《だいもく》などがそうである。

阿満利麿は自著『法然の衝撃』（人文書院、一九八九）の中で、「日本精神史という河の流れのなかに、法然という大きな州ができたとしよう。そのために、今までの河の流れが大きく変わることになった」と巧みに表現している。

法然はまさに日本精神史の流れを大きく変えた宗教家だが、鎌倉仏教の祖師で名前が挙がるのは、たいてい親鸞・道元・日蓮の三人が主であり、日本の思想史・精神史の中で、法然は正しく評価されているとは思えない。

法然については、「革命」「衝撃」「ラディカル」等の言葉で彼の特徴を表現した書物も出ているが、ブッダも含め二人の特徴を表現するなら、私の二人に対する形容は〈パラダイムシフト〉である。

パラダイムとは、その当時の常識的（支配的）な価値観（考え方）のこと。それが新たに出現した価値観に取って代わられること、つまり従来の価値観が根底から覆り（シフト）、新たな価値観がその後の社会の常識となることがパラダイムシフトである。

従来の宗教的価値観を根底から覆した点、そして今度はそれが常識になって後代への影響力を持つという点、さらにはそれを基盤にさまざまな思考が展開する点など、〈パラダイムシフト〉はまさしく二人が創り上げた宗教の形容にぴったりである。

とくに法然について言えば、それまでの仏教が宗教的エリートを対象としていたのに対し、法然は末法という劣悪な時代に暮らす最下層の人間に焦点を当て、誰でも実践可能で、なおかつ誰でも必ず救われる行を模索した。法然は平等性を徹底的に追求したのだ。最下層の人間が救われれば、全員が救われると法然は考えたが、これほどまでに筋を通したのは、日本では法然が最初であろう。

さきほど説明した専修という考え方、また本書でこの後、詳しく説明するように、観《かん》想《そう》念仏（仏の姿形を視覚化する念仏）よりも口称《くしょう》念仏（口で南無阿弥陀仏と唱える念仏）を重視し、念仏観の常識を変えた点、さらには「念仏往生」の立場から日本固有の神道的な禁忌・迷信・因襲を否定した点など、日本精神史において法然は際だった思想を展開したと言えるのではないか。

さて、何かの特徴を明らかにする場合、比較という手法はきわめて有効である。白地の紙の上に白い物体を置いてもその特徴は見えてこないが、黒地や赤地の紙の上に置けば、白い物体の輪郭が明瞭になる。

そこで本書では比較という手法を駆使し、法然の特徴を明らかにしてみたい。何と比較するのかというと、仏教の開祖ブッダであり、同じく宗教界でパラダイムシフトをおこしたブッダとの比較において法然の特徴を浮き彫りにする。

この作業を通じて、当然ブッダ自身の特徴も明らかになろう。つまり比較は、双方の特徴を明らかにする作業なのである。

ブッダと法然については、もうすでに多くの書物が刊行されている。しかし、パラダイムシフトという点で共通する二人を比較対照することで、今までの書物とは違った視点から両者に光が当たり、結果として、新たなブッダ像や法然像が立ち現れるはずだ。そこに本書の使命がある。

なお、本書では「ブッダ」と「法然」という呼称を用いる。「釈尊《しゃくそん》」や「法然上人」という敬称もあるが、読者に二人を我々と同じ人間として身近に感じてほしいため、あえて敬称は用いない（二人への敬意がないわけでは決してない）。

また、Buddha は本来「（真理に）目覚めた人」一般を意味する普通名詞だが、固有名詞（いわゆる「お釈迦《しゃか》さん」）として使う場合は「ブッダ」とカタカナ表記、普通名詞として使う場合は「仏（Buddhaの漢訳音写「仏陀」の省略形）」と漢字表記し、両者を区別する。

それから、古典インド語は、パーリ（俗語の一種）ではなく、サンスクリット（標準語）の読みをとる。

なお、本書は最初から読み進めてもよいが、仏教の前提をしっかりと学問的におさえてから読みたい方は、付録を最初に読んでから、第一章に戻って読まれることをお勧めする。

ブッダと法然　目次

はじめに　3

第一章　宗教に運命づけられた人間　13

二つの大山／ブッダと法然の歴史性／研究者でもなく小説家でもなく／「パラダイムシフト」という共通点／いつどこに生まれるか／雲が晴れる時代に生まれたブッダ／暗雲立ちこめる時代に生まれた法然／変動・変革の時代／聖者の誕生日／シッダールタと命名されたブッダ／勢至丸と命名された法然／誕生にまつわる奇瑞の背景／愛別離苦／母と死別したブッダ／父と死別した法然／〈二人称の死〉の意味するもの／人生をどうとらえるか／贅の限りを尽くしたブッダ／重い十字架を背負わされた法然／対照的な生活と共通する内面／創造的病・創造的退行／出家したブッダ／遁世（再出家）した法然／志ある僧は二度出家する

第二章　自利から利他へ　47

出家の動機／悪魔に誘惑されるブッダ／失意のどん底にある法然／飛躍の前の絶望／死と再生／解脱の道を見いだしたブッダ／救済の道を見いだした法然／成道と回心／ヌミノース体験／梵天に勧請されるブッダ／善導と対面する法然／隠れた戦略

的意図／真の聖者とは？／法を説くブッダ／説法にはまだ慎重な法然／新興宗教としての仏教と浄土宗／出家者と在家者の関係／王と富豪の帰依を承けたブッダ／公家の帰依を承けた法然／出家者と在家者の違いは？／ライバルの存在／外道と神変対決をしたブッダ／旧仏教の論客に挑む法然／教義に関する仏教とキリスト教の違い

第三章　対照的な晩年　*85*

日本仏教の特異性／順風満帆だったブッダ／前途多難だった法然／国家権力と宗教の関係／桃李もの言わざれども下自ずから蹊を成す／子を失った母に癒しを与えたブッダ／武士に後生の安心を与えた法然／身業説法／悪の問題／ブッダと悪人・遊女／法然と悪人・遊女／優しい眼差し／我執・我所執／真実の自己と真理こそが拠り所／念仏の声するところ……／無我（自己の相対化）／死んでも死にきれない／怠ることなく道を求めよ／ただ一向に念仏すべし／生ききり死にきる／輪廻と死／安らかな死後のブッダ／多難な死後の法然／さまざまな涅槃の見方

第四章　魅力の根源を探る　121
はじめてみたつる思想／バラモン教に逆らったブッダ／旧仏教に逆らった法然／自己の体験から／倫理と宗教／平等性を追求するブッダ／平等性を追求する法然／性善説と性悪説／以春風接人・以秋霜自粛／六年苦行したブッダ／二五年間の引きこもりと持戒にこだわった法然／自律から自立へ／四種類の人間／ブッダの優しさ／法然の優しさ／慈悲の発露／権威主義者／我が教えは捨てよ／三学非器／仏教は自己を相対化する教え／「0から1」と「1から2」の違い／開拓者としての法然／追従者・開拓者としての親鸞／法然と親鸞

第五章　生ききること、死にきること　157
不退転の決意／真空から妙有へ／〈今〉を生きる／感謝の自覚／生死を超えた生き方／仏教という宗教の凄み／脱皮する仏教／仏を殺す⁉／未来の仏教の行方

付録　それぞれの生涯・思想・歴史　181
おわりに　227
主要参考文献　233

第一章　宗教に運命づけられた人間

ブッダ「覚りを開かないかぎり、私は決してこの座を立たないであろう」『ジャータカ』

法　然「出離《しゅつり》の道に煩いて、心身安からず」『法然上人伝記』（醍醐寺三宝院蔵）

二つの大山

私は、ブッダと法然という偉大な宗教家と出会ってしまった。

浄土宗の僧侶であり、インド仏教の研究者である私の心に、二人の思想は深く根をはり、また私の人生観や価値観に今も絶大な影響を与え続けている。選択肢が複数ある場合、法然の〈選択《せんちゃく》〉の思想になれ親しんだ者は、どちらか一方を選び取るという発想になるのだが、「二人のうち、一人を選択せよ」と言われたら、私はたちどころに答えに窮する。

ブッダと法然は私の心にそびえ立つ二つの大山だったが、あるとき、その大山を重ねてみたところ、両者の共通点や相違点が鮮明になり、さらに深いブッダと法然の理解が得られた。二人の生涯には比較可能な点が多く、それぞれ個別にというよりは、比較した方がより深く二人の生涯を理解できることを本書で伝えたい。

ブッダと法然の歴史性

ブッダは今からおよそ二五〇〇年前にインドで、法然は今から約九〇〇年前に日本で活躍した。日本人にとって、法然は地理的にも時間的にも身近な存在だが、ブッダははるかかなたの存在である。歴史上の人物の生涯や思想を明らかにする場合に用いられるのが文献（史料）だが、じつはこの文献の扱いが難しい。

時間と空間が隔たるほど歴史性は薄れるし、古い文献であるからといって、歴史上の人物の史実（歴史的事実）に焦点を当てて記述しているとはかぎらない。それが、ブッダや法然といった、大勢の人々から慕われた偉大な人物であればあるほど、そこには記録を残した人の〈思い〉が反映され、史実を忠実に記している可能性は低くなる。

タイムマシンがない以上、今、我々の手元に残された文献だけを手がかりに、ブッダや法然が〈実際に〉何をし何を語ったかを知ろうとしても限界がある。そこで、ここでは便宜上、「歴史を作ったブッダ／法然」と「歴史が作ったブッダ／法然」に分けて考えることにしよう。

「歴史を作ったブッダ／法然」、つまり歴史的なブッダ・法然は闇の中だが、「歴史が作ったブッダ／法然」なら理解可能だ。「歴史が作ったブッダ／法然」とは、「直弟子をはじめ、後代の信者や人々が歴史の経過とともに語り伝えてきたブッダ／法然」、あるいは「文献に記されているブッダ／法然」という意味だからである。

研究者でもなく小説家でもなく

ブッダや法然の生涯や思想にアプローチする場合、大きく分けて二つの態度がある。一つは学問的態度。研究者は様々な学問的手法を駆使し、残された文献から「最も確か（史実）らしい」要素を抽出し、そこから歴史的ブッダ像／法然像に迫ろうとしてきたが、残念ながらそれすら「歴史を作ったブッダ／法然」ではない。

もちろん「歴史が作ったブッダ／法然」の中に「歴史を作ったブッダ／法然」の要素は含まれているが、両者を厳密に区別することは不可能である。

もう一つは、ブッダや法然を自らの信仰に照らして理解する態度。実際の生活で苦に遭遇した場合、「こんなとき、ブッダ／法然なら、きっとこう言ってくださるはずだ」と考えることがある。そのような言動はその人が創りだしたものであり、実際の文献には存在しないが、文献に残された言動以上に、当人にとって意味を持つ。

このような態度は、現代人だけでなく、文献の伝承者（直弟子や伝記作者など）も持っていたはずであり、その思いが現存の文献や伝記の記述に反映されている。そして、その「歴史が作ったブッダ／法然」はさらに次世代の人々の脳を通過して洗練され、さらにアップグレードした「歴史が作ったブッダ／法然」ができあがる。

私は研究者なので、従来の文献研究が明らかにしたブッダ／法然は尊重しながらも、ギリギリのところで、文献にはない「私（平岡）が作ったブッダ・法然」像も提示したい。本書は純粋な学術書や研究書ではないので、文献からは一歩も外に踏み外さないという態度はとらない。

かといって、文献の記述を無視し、まったく自由な立場から荒唐無稽な発想もしない。その中間辺りをウロウロしながら、中途半端な者だからこそ描き出せる「歴史が作ったブッダ／法然」像を提示しようと思う。

「パラダイムシフト」という共通点

二人の共通点をピタリと言い当てる言葉を探していたとき、「パラダイムシフト」という言葉に行き着いた。これは「パラダイム（paradigm）」と「シフト（shift）」の合成語であり、パラダイムは「模範・典型」を意味するが、ここでは「ある時代に支配的な思考の枠組・常識・価値観」と言い換えておく。

そしてシフトは「転換・交替」を意味するので、「パラダイムシフト」とは「思考の枠組・常識・価値観の転換」となるが、単に転換するのではなく、それが一八〇度〈根底から覆る〉という意味での転換である。

たとえば、天動説から地動説へのパラダイムシフト。地球に暮らす者にとって、太陽は東から昇り、西に沈むように見える。ところが学問や科学の発達により、動いているのは太陽ではなく、地球の方であることが分かった。その事実を知らされた当時の人々は、さぞ驚いたに違いない。これがパラダイムシフトであり、そこには大きな〈衝撃〉がともなうのも、その特徴である。

同じような価値観の転換が宗教界でもおこった。二五〇〇年前のインドにブッダが、そして九〇〇年前の日本に法然が登場し、自らの思想的宗教的立場を表明したことで、従来の思想や宗教の価値観や常識は完全にパラダイムシフト、つまり根底から覆ってしまったのである。

両者の共通点はまだある。暦(カレンダー)こそ違うが、誕生日はブッダが四月八日、法然は四月七日。入滅もブッダが二月一五日、法然が一月二五日なので、同じような数字が並んでいる。享年はどちらも八〇歳。これを偶然の一致と見るか、あるいは何らかの意図が働いていると見るか。余計な詮索は差し控えよう。

ときにはズームインして主観的に、ときにはズームアウトして客観的に二人の生涯を比較し、その共通点と相違点を明らかにしながら、一石二鳥でブッダと法然の生涯・思想を理解していく。また、仏教や宗教の周辺分野にも足を踏み入れ、寄り道しながら話を進めていく。

＊

いつどこに生まれるか

ブッダと法然の誕生について語る前に、両者の時代背景について考えておく。というのも、人間は誕生した時点で、ある特定の時間と空間という制約の中に放り込まれており、時空を超えて存在することはできない。ということは、いつどこで生まれ育つかが、人間の思想形成において決定的な意味を持つことになる。

昭和から平成に限っても、戦後の高度経済成長期に幼少期を過ごした人と、バブル崩壊後に幼少期を過ごした人とでは、未来に対するビジョンやものの考え方が大きく異なるのは当然である。

このように、人間の思考はその人が生まれ育った環境に大きく左右される。逆に言えば、どのような時代に生まれ、どのような場所で育ったのかに注目することは、ある人物の思想形成を考える上で重要だということである。では、ブッダと法然が生まれ育った時代はどうだったのか。

雲が晴れる時代に生まれたブッダ

これまでの研究成果によれば、紀元前二〇〇〇年ごろ、コーカサス地方（黒海とカスピ海の中間）に住んでいたアーリア人が民族移動を開始し、北西に移動した人々は現在のヨーロッパ人の先祖に、また南東に移動した人々は現在のイランやインド人の先祖になったと言われている。そしてインドの場合、もともとインドに住んでいた原住民をアーリア人が制圧し、原住民との混血をへながら現在のインド人の祖先が誕生したと考えられている。

紀元前一五〇〇年ごろ、インドの原住民を制圧したアーリア人は、バラモン教という宗教を打ち立てた。これは、生活と関係の深い自然（太陽や風や雨など）を神として崇拝する多神教の宗教であり、祭祀《さいし》という宗教儀礼を重視し、祭祀を通じて神々に讃歌を捧げて神々を喜ばせ、その見返りとして現実的な生活上の幸福、たとえば豊作や長寿・健康を得ようとする宗教である。

またカースト制度として知られている身分制度もバラモン教の特徴である。バラモン（僧侶）・クシャトリア（王族）・ヴァイシャ（平民）・シュードラ（奴隷）の四階級を指すが、インドではこれを「ヴァルナの制度」と呼ぶ。ヴァルナとはサンスクリットで「色」を意味するが、アーリア人はもともとコーカサス地方に住んでいたので肌の色は白く、原住民は黒かったことに由来する。

さて、原住民を制圧してしばらくは、アーリア人がバラモン教を基盤に自分たちの勢力を誇示していたが、一〇〇〇年くらいが経過した紀元前五〇〇年ごろになると、アーリア人の勢力や価値観にほころびが生じ、バラモン教の伝統に従わない人々が出現するようになってきた。

そのような土壌を生み出す要因として、アーリア人と原住民との混血が進んだこともある。またガンジス川流域に多数の小都市が発達したり、それにともない、バラモンに代わってクシャトリアが伸張したことも変化の要因と考えられている。

ともかく、この時代、アーリア人の伝統や価値観が崩れ、因襲に縛られず自由に発想する気運が醸成され、自由思想家と呼ばれる人々が活躍した。彼らを「沙門《しゃもん》(śramaṇa)」、すなわち「努め励む人(=出家修行者)」と呼び、仏典は六人の代表的な思想家(これを仏教側からの蔑称で「六師外道《ろくしげどう》」と言う)がいたと伝えている。このような自由な気風を背景に、ブッダはインドに颯爽《さっそう》と登場したのである。

暗雲立ちこめる時代に生まれた法然

ブッダとは対照的に、法然は暗い影が日本全体を覆う時代に生を受けた。仏教には三時説《さんじせつ》という仏教独自の下降的時代観があり、それを正法《しょうほう》・像法《ぞうほう》・末法《まっぽう》という区分で表現する。仏滅を紀元前五世紀とすれば、末法のはじまりは紀元後一一世紀となり、日本では一〇五二年が末法の元年と考えられていた(付録二二五頁参照)。

これと軌を一にしたように、日本では飢饉や疫病といった問題や、台風・大雨・干魃《かんばつ》などの天変地異、さらには僧兵に代表される寺社の腐敗・堕落や政変など、社会のあらゆる局面で混乱が日常化していたので、人々はこれを末法と関連づけた。

科学が発達した現代においても、ノストラダムスの大予言を信じていた人々がいたことを思うと、今から約一〇〇〇年前、末法思想がどれほどの現実味を持って民衆に受け取られたかは容易に想像がつく。

つまり法然は、末法思想を背景に世の中が混乱に直面し、また政治の場面では、律令制の崩壊とともに、平安時代までの天皇や貴族に代わって、鎌倉時代からは武士が政治の表舞台に立つという、大きな時代のうねりの中で生を受けたということになる。

変動・変革の時代

こうして両者の時代背景を比較してみると、ブッダはバラモン教の桎梏《しっこく》から解き放たれ、自由な空気が漂う右肩上がりの時代に生きたのに対し、法然は末法という世も末の希望なき右肩下がりの時代に誕生したのであり、きわめて対照的な時代背景を背負って二人は生まれてきたことがわかる。

しかし、両者の生きた時代は、ともに変動・動乱の時代であり、時代の価値観が大きくシフトする時代であったという点で共通する。

神の存在を絶対的な前提としたバラモン教がその勢力を低下させていく時代だったからこそ、ブッダは神の存在を認めず、冷徹なまでに自己の心の内面と向かいあうことで、苦の根源である無明《むみょう》を発見し、修行によって執着を離れることが一切の苦から解放されるという、あくまで「人間存在」に立脚した仏教という宗教を確立した。

一方、法然は絶望的な末法の時代であったからこそ、すべての人間が実践できる行は念仏しかないと見極め、その他の行をすべてなげうち、念仏往生という新境地を開拓した。

いずれも、その時代ならではの教えではないか。もしもブッダがバラモン教全盛の時代に生まれていたら、あるいは法然が天変地異もなく泰平な世の中に生まれていたら、ブッダが仏教の開祖となることもなく、法然が念仏往生の宗教を打ち立てることもなかったであろう。

ともかく、時代は動いていたのであり、その動きやうねりに促されるように、ブッダと法然はそれぞれ独自の思想を形成していったとも言えるし、逆から見れば、時代が二人を要請し、生みだしたとも言えそうである。

＊

聖者の誕生日

日本では、ブッダの誕生日（四月八日）や法然の誕生日（四月七日）は知らなくても、不思議なことにイエスの誕生日を知らない人はいない。それは一二月二五日だと思うだろうが、じつは『新約聖書』のどこを探しても、イエスの誕生日は明記されていない。にもかかわらず、世界中で一二月二四日から二五日にかけてクリスマスのお祭り騒ぎをしているのが現状だ。しかし、私はそれを批判しているのではない。

さきほど、「歴史を作ったブッダ／法然」と「歴史が作ったブッダ／法然」の区別について説明したが、これも「歴史が作ったイエス」の典型例である。結局は、どんな宗教でも教祖や聖者の生涯や言動は、「歴史によって作られる」のである。

シッダールタと命名されたブッダ

ブッダの母マーヤーは、牙が六本ある白象が自分の右脇から入るという夢を見て妊娠した。これを「白象降下《びゃくぞうこうげ》」、あるいは「託胎霊夢《たくたいれいむ》」と言う。懐妊を知ったマーヤーは夫との性的な交わりを避け、十戒《じっかい》を守ることで心身を清浄に保った。

そして臨月が近づくと、マーヤーは出産のために自分の生まれ故郷に向かい、その途中、ルンビニー園で休憩をとった。そのとき、そこに咲いていたアショーカ樹の枝を折ろうとして右腕を伸ばした瞬間にマーヤーは産気づき、右脇からブッダを出産したと伝えられている。

ブッダは誕生直後、東南西北の四方にそれぞれ七歩ずつ歩き、「私は世界の中で最高者であり、最勝者であり、第一人者である。これは私の最後の誕生であり、もはや再び生まれることはない」と宣言した。この言葉は中国で「天上天下唯我《てんじょうてんげゆいが》独尊《どくそん》（天の上にも天の下にも、ただ我ひとり尊し）」と漢訳されている。

右脇からの誕生や誕生直後の歩行などは、現代人から見れば、現実味のない話に聞こえるが、これぞ「歴史が作ったブッダ」の真骨頂。こうしてブッダは歴史によって作られていく。ただここで注意を要するのは、このような伝承を伝える仏典資料が、ある意味で〈文学作品〉であるという点だ。

つまり、仏典という文学作品には〈修辞（言葉・文章・表現を美しく飾ること）〉という文学的な技巧が凝らされており、何かを象徴的に表現していることもある。

たとえば、右脇からの誕生。インドには、前節で取りあげた身分制度である四つのカーストの誕生を説明する神話がある。つまり、神の口からバラモン（僧侶）、右脇（上半身）からクシャトリア（王族）、腿（下半身）からヴァイシャ（平民）、そして足裏からシュードラ（奴隷）が生じたという伝説があるが、ブッダはクシャトリア出身なので、それを象徴的（あるいは比喩的）に表現すれば、マーヤーの「右脇から誕生した」となる。

また誕生直後の七歩の歩行も、ブッダは生まれながらに六道輪廻を超越していた（つまり、七歩歩いて六道輪廻を超え出た）ことを象徴的に表現したものとも考えられる。

別の見解によると、インドでは「三」と「七」が無限性・絶対性・超越性を象徴する数字であることから、ブッダの神格化が進む中で、彼の存在の不滅性・超越性を象徴するという意図の下に「誕生後、七歩歩いた」という話が創作されたとも解釈できる。

そして、ブッダは「シッダールタ」と命名された。これは「目的を成就（完成）した人」という意味である。

勢至丸と命名された法然

法然の母である秦氏《はたうじ》出身の女性は子供を欲して神仏に祈願すると、剃刀《かみそり》を飲む夢を見て法然を身ごもる。この夢を知らされた父の漆間《うるま》時国《ときくに》は、「生まれてくるのは男の子で、人に戒を授けるような僧侶になるだろう」と言った。つまり、剃刀は出家時の剃髪《ていはつ》に使われるから、懐妊の夢に関連づけて、伝記作者は法然の出家を暗示したかったのかもしれない。

その後、秦氏は酒肉五辛《しゅにくごしん》を断ち、深く三宝《さんぼう》に帰依した。マーヤーの場合と似ている。こうして、一一三三年四月七日、法然は美作国《みまさかのくに》（現在の岡山県）に誕生することになるが、誕生に際しても奇瑞《きずい》が現れたことを伝記は記す。

一一九三年、法然生誕の地に建てられた寺を誕生寺と言い、境内《けいだい》に椋《むく》の木がある。「両幡《ふたはた》の椋の木」と称される二股に分かれた椋の巨木である。法然が誕生するとき、紫《し》雲《うん》たなびく空に二流れの白幡が飛んできて、その梢にひっかかり、白幡についていた鈴が風に揺られて妙音を出したという伝説が残っている。

誕生後、父の時国は勢至《せいし》菩薩にあやかって我が子を「勢至丸《せいしまる》」と命名した。勢至菩薩は阿弥陀三尊の右脇侍で、観音菩薩と共に阿弥陀仏（付録二一六頁参照）の脇を固める菩薩である。『観無量寿経《かんむりょうじゅきょう》』は勢至菩薩を、「智慧で遍《あまね》く一切を照らして人々を苦から救い、無上の力を得させるので、大勢至と言われる」と説明する。勢至丸という名前には、そのような思いが込められていたようだ。

誕生にまつわる奇瑞の背景

仏教の人生観にしたがえば、「人生は苦」であり、生・老・病・死の四苦に代表されるように「誕生」も苦ととらえるが、世間では誕生を喜び、誕生日を祝う。

ブッダも法然も人の子。母がいて、父がいて、家族がいて、周りの期待を一身に背負い、この世に誕生し、また特別な思いを込めて、それぞれ「シッダールタ」「勢至丸」と命名された。またブッダと法然を敬愛する弟子たちや伝記作者は、その誕生の周辺を様々な奇瑞で彩り、今日、我々が手にする二人の伝記ができあがっている。

人生は苦であり、苦渋に満ちあふれているが、そんな人生の中で、ブッダと法然は、その人生をただ苦で終わらせるのではなく、自己の人生を意味あるものとし、ひいては他者の人生にまでも大きく影響を与える思想を確立した。そして、従来のパラダイムを根底より覆し、歴史にその名を刻むことになったのである。

＊

愛別離苦

仏教を理解するキーワードの一つは、「苦」である。苦からの解脱を目指す宗教、それこそが仏教に他ならない。生まれた者が、老い、病に倒れ、最後には死んでいく人生を「四苦」ととらえ、その四苦からいかに解脱するかを説いたのがブッダであった。

人生を苦ととらえる仏教の出発点は、当然のことながら「一切皆苦《いっさいかいく》」となる。生・老・病・死の四苦に加え、愛別離苦《あいべつりく》（愛する者と別離する苦）・怨憎会苦《おんぞうえく》（怨み憎んでいる者と会う苦）・求不得苦《ぐふとくく》（求めているものが得られない苦）・五蘊盛苦《ごうんじょうく》（前七苦を総括する苦）の四つの苦を加えて八苦とし、「四苦八苦」という言葉ができた。

どの苦も避けたいが、愛する者と別離する苦、すなわち愛別離苦も辛いものだ。とくに逆縁の場合、つまり親よりも子どもがさき立つ場合はなおさらだ。二人とも、若くして片方の肉親との死別を経験した。ブッダは誕生間もなく母を、法然は九歳の時に父を亡くしている。

母と死別したブッダ

臨月が近づいたマーヤーは生まれ故郷に戻る途中、ルンビニー園で休憩をとり、そこで産気づいてブッダを出産したことは、すでに記した。しかし、生母マーヤーは、ブッダを出産して一週間後に亡くなる。

マーヤーが亡くなったことで、マーヤーの妹であるマハープラジャーパティーがブッダの養母となった。ちなみに彼女は、ブッダが覚りを開いて教団を組織し、仏教の開祖となった後、女性として初めて出家を許され、尼僧の第一号となった人である。

誕生後、一週間して母を喪《うしな》ったので、ブッダは母の面影も覚えていないし、記憶にもなかったであろう。まさにブッダにとってマーヤーは〈幻〉のような存在だったと考えられるが、母の名前である「マーヤー」とは〈幻〉を意味する言葉なのである。

伝記作者はブッダの一生を一通り知った上で、誕生から伝記を書くので、後におこることをさき取りして、それを前の出来事に反映させることができる。つまり、母はブッダにとって幻のような存在だったため、別の本名があったのに「マーヤー」という名前をつけたのかもしれない。

ブッダ自身も、何か別の本名があったかもしれないが、結果として三五歳で覚りを開き、自分の目的を完成させたので「シッダールタ〈目的を成就した人〉」という名前になった可能性は否定できない。ともかくブッダは生母マーヤーの愛情に触れることなく、生母の記憶も持たないまま、この世での生活をはじめることになった。

伝記によれば、成道《じょうどう》後のブッダは、死んで天界に生まれ変わっていたマーヤーに会いに行き、そこで母に説法したという話を伝えている。伝記の説話とはいえ、出会って一週間で互いに離れればなれになった母子が再会するシーンは感動的である。

父と死別した法然

法然は九歳のとき、明石定明《あかしさだあきら》の夜襲に遭って非業の死を遂げた父と別れることになった。父の漆間時国は地方豪族であり、押領使《おうりょうし》（兵を率いて反乱などの鎮圧を担当した令外の官で、地方警察長官的な役割）という地域の治安維持を担っていた。

一方の明石定明は、荘園領主に代わり、現地で荘園経営に当たっていた預所《あずかりどころ》（荘園制で、領主に代わって下級荘官を指揮し、年貢徴収や荘地の管理などを担当した職）を務めていたが、荘園の支配関係が混乱していた当時、役職上、押領使と預所とは利害が対立し、両者の衝突は珍しくなかったと考えられる。

明石定明の夜襲にあった時国は深傷を負い、いまわの際に法然を呼びよせ、「決して敵を恨むな。これも前世の報だ。お前が敵を恨めば、その怨みは代々にわたっても尽きがたい。はやく出家して私の菩提を弔《とむら》い、お前自身も解脱を求めよ」と遺言して亡くなった。この言葉も、実際の時国の言葉だったのか、あるいは伝記作者の脚色なのかは判断に苦しむ。というのも、初期経典の中に同様の言葉が見られるからだ。

ブッダの肉声に近い言葉を伝える経典『ダンマパダ』には、「この世において、怨みを以て怨みに報いれば、怨みは決して止むことがない。怨みを捨ててこそ怨みは止む。これは永遠の真理である」とある。真偽のほどはともかく、これが怨みに対する仏教の基本姿勢と言えよう。

話は逸れるが、二〇一三年の出来事で印象的だった「怨みに対する態度」を紹介しよう。マララ・ユスフザイというパキスタンの少女がいる。一五歳のとき、彼女はスクールバスで下校途中、「女性は教育を受けるべきではない」という偏見を持つタリバンに襲撃され、至近距離から銃で撃たれると、弾は彼女の左目の脇から首を通って左肩の辺りで止まった。

重体だったが、奇跡的に一命を取り留めた彼女は、何でも武力に訴えるイスラム過激派にペン（言葉・教育）の力で対抗し、女性教育の機会を拡大するための運動を展開している。その彼女が、二〇一三年七月一二日に国連本部でスピーチをした。

彼女は言う。「私はタリバンを憎んではいません。たとえ私の手に銃があり、私を撃った男が立っていたとしても、私は撃ちません。これは、マホメット、イエス、ブッダから学んだ慈悲の心です」と。大勢の大人を前に、こう言いきれる彼女に私は感服せざるを得ない。翌年、彼女は史上最年少でノーベル平和賞を受賞した。

〈二人称の死〉の意味するもの

「人称別の死」という考え方がある。一人称（私）の死は、これを経験した時点で私はすでに死んでいるので、死を考える上では意味がない。三人称は第三者の死、たとえば私の知らないところで私の知らない誰かが死ぬような場合だ。これも、私にとってはあまり意味を持たない死と言えよう。

では、二人称（あなた）の死はどうか。この場合の〈あなた〉とは、親・妻・子・親友など、自分にとってかけがえのない大切な人を象徴しているが、そのような人の死こそ、残された人間に最も「死とは何か」を考えさせるのではないか。

ブッダも法然も幼少期、母と父の違いはあれど、まさにこの二人称の死を経験した。この二人が後に宗教の世界に帰入したのも、ある意味で必然だったと考えられる。人生最大の苦である死と出会ったとき、人はこの不合理な人生と真摯に向き合わざるをえなくなる。だが、その苦と真摯に対峙し、それを克服したとき、ブッダや法然のように人は真の人生の意味を見出し、新たな人生の一歩をふみ出すことができる。

*

人生をどうとらえるか

我々は、生まれてくる地域や時代、また自分の両親や家庭環境を自分で自由に選択することはできない。気がついたときには、ある特定の地域や時代、そしてある特定の家庭環境に放り込まれ、まったく他律的に人生をスタートさせる。それを象徴するような出来事が二〇一三年、報道された。

誕生まもなく、同じ病院で生まれた二人の赤ちゃんが何らかの病院側の手違いで入れ替わってしまい、それが六〇年以上経過した後、ＤＮＡ鑑定の結果で発覚した。同じような生活環境の家庭間ならまだしも、この両家の間には経済的に大きな開きがあったため、余計に人生の不条理を知らされた出来事だった。

生まれてくる条件や環境について、我々に選択の余地はまったくなく、過去を変えることもできない。だが、その状況をどうとらえ、いかに解釈するかについて、我々はまったく自由であり、本人の考え方次第でその後の生き方は大きく変わる。

裕福な家庭環境に甘んじて遊びに興じ贅沢三昧の生活を送るか、それを契機に真の人生を模索するか。過酷な人生や自分の不運を呪って社会に復讐するか、それをバネにその負のエネルギーを活かして人生を充実させるか。すべては本人次第である。

一国の王子として生まれたブッダは、物質的には何不自由のない幼少期から青年期を過ごした。一方の法然、九歳までは両親の庇護のもと、幸せな幼少期を送ったが、明石定明の夜襲で父を亡くすや彼の生活は一変し、過酷な人生を余儀なくされた。一見したところ対照的な人生だが、二人は幼少期から青年期にかけて、自分自身の人生や運命といかに向かいあったのだろうか。

贅の限りを尽くしたブッダ

ブッダは王子として大切に育てられ、衣食住に関して満ち足りた生活を送る。最高級の絹の衣を身につけ、白米のご飯と肉の食事、また彼のために雨季・夏季・冬季という季節に合わせて三つの宮殿が作られたと言われている。

年ごろになると、毎晩、綺麗な女性を侍《はべ》らしての宴会で、女性だけが奏でる音楽に合わせて踊ったり歌ったり。このような生活が一週間、一ヶ月、一年と続けばどうか。ある晩、ブッダはいつものように美女と宴に興じ、酔いが回って眠りこけた。

夜中にふと目を覚ますと、ついさきほどまで愛嬌を振りまいて恥じらいながらブッダに酒をついでいた美女たちは、涎を垂らしながら鼾《いびき》をかいて眠りこけていた。ブッダはそれを見て、その場が墓場に見えたと仏典は記す。確かにブッダは物質的には恵まれた生活をしていたが、心の奥底では満ち足りないものを感じていたに違いない。

宮殿での空虚な生活と、生まれた者が老い、病気になり、そして最後には死んでいくという現実、つまり生・老・病・死という苦を避けては生きていけないという現実とのギャップに、ブッダは驚愕したのではないか。宮殿での生活が華やかであればあるほど、現実との齟齬《そご》は鮮明になったはずである。

そんな悩みを抱きながらも、ブッダは王子としての生活を放棄することができず、ヤショーダラーという女性と結婚し、ラーフラという男児を授かった。しかし、彼の心は満たされないまま、悶々とした宮殿での日々が過ぎていったのである。

重い十字架を背負わされた法然

病死や事故死ではなく、父は非業の死を遂げたが、これにより法然の人生は一変した。復讐を畏れた明石定明が法然の命を狙うのは必至だったので、法然は身を隠すため、実家の近くにある那岐山《なぎさん》・菩提寺の住職で、母の弟であった叔父の観覚《かんがく》（一一五〇〜没年不詳）に引き取られる。

「敵を恨むことなく、出家して自分の菩提を弔い、自らも解脱の道を求めよ」という父の遺言に、法然は従った。「やられたらやり返す」という仇討ちが常識の武士階級にあって、敵を恨むことなく出家を勧めた父もさることながら、その遺言に素直に従った法然も見事である。

ともかく、法然は観覚のもとで本格的な出家者になる準備段階に足を踏み入れた。実際に指導を始めた観覚は法然の非凡さに驚き、当時の仏教の最高学府ともいえる比叡山に法然を送ろうと判断する。

比叡山に出立の意を伝えると、母は悲しさのあまり、抱擁した我が子・法然の黒髪を涙で濡らし、「かたみとて　はかなきおやの　とどめてし　このわかれさえ　またいかにせん（形見として、亡くなった父親が残したこの子とまで別れなければならないとは、この上、どうすればよいというのか）」と別れの歌を詠んだ。

夫を喪い、また一人息子と別離する母の心情、また父を喪い、まだ母親の慈愛が必要な時期に母と別れなければならない法然の心情は、察するに余りある。かくして観覚は法然を比叡山に送り、旧知の源光《げんこう》に法然を委ねた。法然一五歳の時（一三歳説もある）である。源光も法然の才能に気づき、学僧の皇円《こうえん》に法然を託す。

ついに法然は剃髪し、比叡山東塔の戒壇院《かいだんいん》で受戒し、正式な出家者となる。この時の戒師は叡空《えいくう》とされ、「源空《げんくう》」と名乗った。これは最初の比叡山での師「源光」の「源」と戒師「叡空」の「空」をとって命名されたと言われている（他の説もある）。

出家後も法然はその才能を遺憾なく発揮して難解な天台宗の教義を次々と理解し、比叡山で学問と修行に身を投じた結果、師匠の皇円に「天台宗の最高位である座主《ざす》になるように」と言われたという話も残っている。

対照的な生活と共通する内面

このように、二人を比較すると、きわめて対照的な少年期から青年期を送っていることがわかる。ブッダは絵に描いたような王子、かたや法然はドラマを地でいく悲劇のヒーロー。贅沢三昧のブッダに対し、重い十字架を背負わされた法然。妻帯して男児をもうけたのがブッダなら、生涯独身を貫いて女性と交わることのなかったのが法然。

しかし、大事なのはそのような人生をどう受けとめるかである。確かにブッダは物質的には恵まれていたが、母の死は彼の人生に大きな影を落とした。自らの命を犠牲にして彼の命を活かした母の存在は、人生の矛盾や苦悩を、生まれながらに考えざるを得ない環境にブッダを放り込んだ。

だからこそ、贅沢な生活はその空虚さをいっそう際だたせ、彼を出家へと導く要因になったのである。贅沢で空虚な生活のまっただ中にありながらも、それに埋没せず、ブッダは人生の本質を見極めて生活した。

法然の場合、父の非業の死は彼を比叡山という過酷な環境へと駆り立てた。しかし、本人が決断さえすれば、法然は明石定明に仇討ちすることもできたはずだし、またそうしようとして、逆に返り討ちにあっていたかもしれない。だが、法然は父の遺言に従い、その負のエネルギーを宗教的な救いへと昇華させた。

いかなる環境にあっても、それに甘んじるでもなく、恨むでもなく、つねにものごとの本質を洞察し、限られた人生をいかに価値あるものとするか、それこそが大事なのだと二人は教えてくれている。

＊

創造的病・創造的退行

四苦の一つにも数えられているように、病は苦である。苦である病に「創造的」という肯定的な形容句をつけることには違和感を覚えるかもしれないが、天才的な思想家や芸術家は、何か顕著な思想や作品を創造する前にこのような病を経験しているので、「創造的病」と呼ばれる。

また「創造的退行」という表現もある。臨床心理学者・河合隼雄はこれを「相反するものが、一つに統合されることで創造がなされる。相反するものの片方を抑圧すれば簡単な解決が得られるが、それは創造的ではない。自我はその両方に関与していこうと努力すると、自我はどちらにも傾けず、一種の停止状態に陥ってしまうので心的エネルギーは退行してしまうが、それをうまく統合できれば、新たな創造につながる（取意）」

と説明する。

逆に言えば、そのような体験を通じてしか、後世に長く影響を及ぼすような思想や作品は生み出されない。ピカソ、夏目漱石、ゲーテ、チャイコフスキーなど、枚挙にいとまがない。

ブッダも法然も大昔の人なので、精神的な病に罹《かか》っていたかどうかを確認するすべはないが、ブッダも法然も当時の常識（パラダイム）を覆す（シフト）ような思想を紡ぎ出す前には、意外に思われるかもしれないが、長い長い退行（引きこもり）の時期があった。

バネが力を発揮するには、いちど縮まなければならず、人間がジャンプするには、いちど屈まなければならないように、パラダイムシフトを生み出すような革新的な思想を創造するには、爆発的エネルギーを蓄える退行の時期が必要なようだ。

出家したブッダ

城内で大切に育てられたブッダは城外の人々の生活が見たくなり、父王の許可を得て外遊に出かけたが、東門から出て老人を、南門から出て病人を、そして西門から出て死人を見て、自分もいつかは老い、病気になり、最後には死んでしまうことを覚り、落ち込んでしまう。そして、北門から出て沙門《しゃもん》（出家修行者）に遭遇するや、自分も出家して老・病・死の苦を克服しようと決心した。これを四門出遊《しもんしゅつゆう》と言う。

生まれながらにして母を喪い、宮殿内の生活に空虚さを感じたブッダは、この四門出遊で出家の意を固め、妻ヤショーダラーと息子ラーフラが寝静まった真夜中、名馬カンタカにまたがって宮殿での生活と別れを告げた。このとき、後ろを振り返り、「目的を成就するまで、二度と故郷には帰るまい」と心に誓う。ブッダ、二九歳のときであった。

出家したブッダは、故郷からはるか遠く隔たったラージャグリハに赴き、アーラーダ仙とウドラカ仙という二人の仙人に師事して、精神集中（禅定《ぜんじょう》）の修行に励むが、出家した目的である老・病・死の苦を克服することはできなかった。

そこで二人と別れると、今度は山中にこもり、苦行に身を投じた。とりわけ減食や断食の行は過酷であり、毎日少しずつ食事を減らし、最後は何も食事を口にせず何日も過ごすので、お腹の皮と背中の皮がひっつくまでにやせ衰えたと記す仏典まである。

こうして苦行に専心しているうちに、六年という歳月が流れた。世俗との関係を断ち、山中の苦行林にこもること六年。ブッダは精神的にかなり追い詰められていた。

遁世（再出家）した法然

法然は一五歳で正式な出家者となったが、ブッダの出家に相当するのは、この時の出家受戒ではなく、一八歳で黒谷《くろだに》に再出家、すなわち遁世《とんせ》した時期であると私は考える。

当時、比叡山の僧侶たちは自分たちの名誉栄達にうつつをぬかし、また延暦寺の僧兵たちの蛮行は目に余るものがあった。純粋に仏道を追い求める法然にとって、もはや比叡山の表舞台は俗世そのもの、いや俗世以下だったのではないか。

そこで法然は、真に道心ある者たちが集う比叡山の裏舞台、西塔《さいとう》の黒谷に居を移した。一五歳の出家と一八歳の遁世を比べれば、どちらがブッダの出家に相当するかは一目瞭然である。法然自らの意志はそれほど積極的に働いていない一五歳の出家に対し、一八歳での遁世は求道心に燃える法然の自発的な行動だったからだ。

黒谷には受戒の師である叡空がおり、彼の厳しい指導の下、法然の新たな生活が始まる。師弟の間柄だったが、叡空と法然はときに激しく議論し、論争となることもあった。戒に関する議論では互いに譲らず、立腹した叡空は木枕で法然を打ちつけたが、よくよく考え抜いたすえ、自説の誤りを認めたという話も伝わっている。

「真理の探究」という共通の価値さえ共有していれば、弟子といえども激しく議論を挑み、師匠といえども自説に非があれば、それを素直に認める。何ともすがすがしい光景である。

法然は一八歳で遁世してから四三歳に回心《えしん》するまで、二五年間の長きにわたり、黒谷で引きこもりの生活を続けたが、この間、一度だけ比叡山を降りたときがあった。二四歳のとき、嵯峨《さが》清凉寺《せいりょうじ》に参籠《さんろう》し、三国伝来の霊像といわれている生身の釈迦像に平伏したのである。法然にしてみれば、藁にもすがる気持ちだったのではないか。それほど追い詰められていたのである。

このあと、法然は自らの仏教理解が間違っていないかを確認するため、嵯峨から奈良に向かい、南都の学僧を訪問する。結果を出せない法然が、原点に立ち戻り、まずは自らの仏教理解の見なおしから始めたのも無理からぬこと。その後、四三歳まで、法然は再び長い引きこもり生活へと退行してしまうのである。

志ある僧は二度出家する

俗界を厭《きら》って出家しても、出家者が教団を組織すれば、組織維持のための政治が始まり、それがまた俗世間となるので、志の高い人は、もう一度そこからさらに出家、つまり遁世しなければならなくなる。ここに至って、はじめて真の出家が成立する。比叡山での出家者の俗っぽさに絶望して黒谷に遁世した法然の意思を真に継承しようとするなら、浄土宗の僧侶はいかに行動すべきか。自問すべき問題であろう。

それはともかく、ブッダも法然も志高く出家し、また法然においては遁世までしたものの、目的はまだ成就できず、悶々とした退行の生活を余儀なくされた。

一見したところ、ブッダの苦行や法然の嵯峨清凉寺参籠と南都遊学は、無駄なように見えるが、このような試行錯誤の時期、あるいは退行の期間があったればこそ、大きな飛躍が実現したのであるから、無駄どころか、むしろ必要だったとさえ言えそうだ。これは、バネなら縮み、人なら屈んで、エネルギーを蓄えている状態なのである。二人が大きくジャンプするまで、あとは時間の問題である。

第二章　自利から利他へ

ブッダ「二人して同じ道を行くことなかれ」『パーリ律蔵』
法　然「身命財《しんみょうざい》を捨てても偏《ひとえ》に浄土の法を説くべし」『黒谷源空上人伝』

出家の動機

ここであらためてブッダと法然の出家の動機、あるいは求道の目的について確認しておこう。二人とも、結果として多くの人々の救いとなる教えを説いたので、ブッダや法然から多大な恩恵を被った弟子たちは、利他行《りたぎょう》こそが出家や求道の目的と理解するのも無理はない。

つまりブッダなら、人々を苦から解脱させる道を探して出家したとか、あるいは法然なら、凡夫《ぼんぶ》（愚者）が平等に救われる道を求めて出家した、というように。だが、実際はどうだったのか。

結論を急ぐなら、二人の出家や求道はあくまで個人的なことが主であり、万人の解脱や凡夫の救済という利他行を意図したわけではなかった。その利他行は〈結果として〉そうなったのであり、それが当初の目的ではなかった（法然の場合にかぎっては、「主目的ではなかった」と言うのが正しい）と考えられる。

残された弟子たちや伝記作者たちは、ブッダや法然の生涯すべてを知った上で、生まれてから亡くなるまでの出来事を年代順に記していくので、時代的には後の事柄を前の記述に反映させることができる。ブッダは自ら覚った法を人々に説き、多くの人々を救済したので、そのインパクトが強いほど、弟子たちはその利他行こそがブッダの出家・求道の目的だったと考えるのもよく理解できる。

悪魔に誘惑されるブッダ

弟子たちの心情はともかく、ブッダ自身の心情はどうだったのか。ブッダが出家した動機は、生まれた者が、やがては老い、病に倒れ、最後には死んでいくという、人間がかかえる根本苦を克服することであった。

よって、古い文献を見るかぎり、そこには人々を救済しようというような意図は微塵《みじん》もない。あくまでブッダ自身の苦しみの解決が問題なのである。普通に考えれば、自分が苦しいとき、他人のことにかまっている暇などない。

こうして出家したものの、六年間、苦行に身を投じても苦の克服は達成されない。苦行で身も心もボロボロになり、心が折れそうになったとき、悪魔が現れ、修行を止めさせようとブッダを誘惑する。「お前はやせ細り、顔色も悪い。お前に死が近づいた。お前が死なずに生きる見込みは、千に一つ。生きよ、生きた方がよい。生きてこそ功徳を積むことができる」と。

このときの悪魔とは何か。仏典は文学作品でもあり、様々な修辞が施されているとすれば、このときの悪魔はブッダの弱い心を象徴しており、したがって悪魔とブッダのやりとりは、ブッダ自身の内面的葛藤と理解できる。

出家して六年、修行に励むも結果が出ない。弱音を吐きたくなるのも無理はない。「このままでは死んでしまうから、もう修行なんか諦めて故郷に戻り、王として生活した方が楽なのでは」というブッダの弱い心が悪魔のささやきとして表現されているとすれば、窮地に追い込まれたブッダの心情がよりリアルに我々に伝わってくる。

失意のどん底にある法然

一方の法然の出家の動機は、父の遺言「父の菩提を弔い、自らは己の解脱を求めよ」にあるとすれば、そこに万人救済の意図はない。あくまで個人的な事情が出家の動機である。

法然はきわめて自己洞察の厳しい人だったと考えられる。法然浄土教的に言えば、我々はすべて凡夫（愚者）であり、その心の奥底にうごめく悪業はいかんともしがたく、基本的にみな悪人だが、問題はそれをどれだけ深く認識できるかである。

我々凡人はせいぜい心の一メートルの深さをのぞき込むのが精一杯だとすれば、法然は一キロの深さまで見すえていたのではないか。同じ量の悪業が心の奥底に潜んでいても、その洞察が浅ければ、認識できる悪業の量は少なく見えるが、省察が深まれば、そこにヘドロの海のような悪業を発見し、驚くに違いない。

自己省察が深まるほど、自分自身が持つ悪の存在に驚愕し嫌悪することになるので、自力で覚る旧来の仏教（聖道門《しょうどうもん》［付録二二三頁参照］）では自分が解脱できないことを、より深くより深刻に自覚せざるをえない。だから法然は「三学非器《さんがくひき》（三学の器に非ず）」と自分自身に絶望したのだ。

三学とは戒（戒律を保つこと）・定（精神を集中すること）・慧（智慧を獲得すること）の三つであり、全体で仏教の修道大系を表しているので、「三学非器」とは、聖道門では解脱の道が閉ざされたことを意味する。

これは、凡人ではなく、智慧第一の法然が発した言葉だからこそ、深い意味がある。我々から見れば非の打ち所のない法然も、深い自己省察にもとづき、「出離《しゅつり》の縁なき衆けてみよう。

生（解脱に縁のない人）」と自分自身に絶望したのであった。その時の法然の声に耳を傾

「三学のほかに我が心に相応する法門《ほうもん》ありや、我が身に堪えたる修行やあると、よろず

の智者に求め、諸々の学者にとぶらいしに、教うるに人もなく、示すに輩もなし（三学

の他に私の心にピッタリ合う教えはあるのだろうか。私でも実践できる修行はあるのだろう

か。数多の智者に教えを乞い、様々な学者に尋ねてみたが、教えてくれる人もいないし、

〔その方法を〕示してくれる仲間もいない）」（『法然上人行状絵図』〔以下『勅伝』〕第六巻）

「出離の道に煩いて、心身安からず（解脱の道に煩い、身も心も安らかではなかった）」

（『醍醐本法然上人伝記』）

法然が学んだ仏教は大乗仏教なので、当然、利他行も意識していたはずだが、最優先

事項はあくまで「私が救われる教え」である。そう言うと少し利己的に聞こえるが、法

然の鋭い自己省察力よりすれば、自分こそが最低最悪の人間であり、その自分が救われ

る道が見つかれば、他の人はすべて救われるはずだと考えていたのではないか。

とすれば、問題はあくまで私（法然）という一人称の救済だが、その一人称は二人称も三人称も包摂《ほうせつ》した一人称、すなわち万人を含み込んだ一人称であったと考えられる。

伝記類には書かれていないが、法然は父の遺言に従おうとしても、敵に対する恨み、また仇討ちしてやりたいという気持ちは出家しても消えず、だからよけいに自分の心の深みに潜む罪深さを意識したのかもしれない。

飛躍の前の絶望

こうして二人の自己に対する絶望の体験を比較すると、二人の共通項が浮かび上がってくる。それは自己に対する厳しさと妥協のなさ、そしてあくまでも目的を成就しようとする信念の強さだ。

ブッダは六年引きこもって苦行に身を投じたが、法然にいたっては引きこもりの年数が二五年に及ぶ。凡人ならとっくの昔にあきらめ、普通の生活に戻っているはずだ。二人とも真摯な求道者であり、自己に厳しく、妥協を許さず、強い信念を貫徹したからこそ、最小限にまで縮まったバネは最大限の力を放出したのである。

その結果、法然が紡ぎ出した「念仏を称えるだけで誰でも極楽に往生できる」という専修念仏の教え、あるいは念仏往生の教えは、易行道《いぎょうどう》そのものだが、その易行道を生み出すに至った法然の努力は、ブッダの六年間の苦行にも匹敵する難行苦行そのものではなかったか。

複雑で膨大な量の仏教思想から、極限にまで贅肉をそぎ落とし、「誰でも念仏で往生できる」というところまで教えを結晶化するには、血のにじむ、命を賭した、想像を絶する法然の努力があったと考えられるのである。

＊

死と再生

イニシエーションとは、一般的に「通過儀礼」と訳される。長い人生にはいくつかのステージ（段階）があり、次のステージに進むには、通過儀礼というプロセスを経て、それまでの価値観をいさぎよく捨て去り、新たな価値観を獲得する必要がある。

たとえば、子どもから大人へ移行する段階。つまり、次の段階に進むには、古い自分を殺し（死）、新たな自分に生まれ変わらなければならない（再生）。古くより人類はこの移行をなるべくスムーズに行うために、様々な儀礼を考え出した。日本では元服がこれに当たるが、元服では幼名を廃して元服名を新たにつける。名前の変更はまさに生まれ変わり、すなわち死と再生を如実に象徴していると言えよう。

さてブッダと法然だが、二人はそれぞれ成道と回心とを経験することで、それまでの古い自分を否定し（死）、宗教的に新たに生まれ変わった（再生）。それまで二人の心を覆っていた厚い絶望の雲はすっかり姿を消し、大いなる太陽が燦々《さんさん》と二人の心を照らし出したのである。

絶望のどん底にあり、六年あるいは二五年の引きこもりを経験し、砂を嚙むような生活を余儀なくされていただけに、生まれ変わりを経験した二人の歓喜は、我々凡人の想像の域をはるかに超えている。では二人はどのように生まれ変わったのか。

解脱の道を見いだしたブッダ

ブッダの成道を説明する際、降魔成道《ごうまじょうどう》というように、成道（真理への目覚め）は降魔（悪魔を降伏させたこと）とセットで説明される。悪魔に象徴される自分の弱い心に打ち勝ったブッダは、成道を体験して苦から解脱した。その内容は、次のように説明できよう。

ブッダは瞑想に入り、老・病・死という苦の原因および苦から解脱する方法に精神を集中した。そのとき、ハッと閃いた。

〈なぜ死ぬのか。それは生まれてきたからだ。つまり生まれてきたことが原因で死という結果が生じる。しかし、生まれた以上、死は避けることができない。老と病も同じことだ。この世のすべては原因と結果にもとづき、何かを縁として、ある結果が生起する（縁起）。これがこの世の真実。

しかしながら、我々はこの縁起の理法を知らないため、いつまでも若くいたいという、若さに執着することを縁として、老という苦が生起する。また、いつまでも健康でいたいという、健康に執着することを縁として病という苦が生起する。

さらに、いつまでも生きていたいという、生命に執着することを縁として死という苦が生起する。したがって、老・病・死という苦から解脱するには、若さ・健康・生命に対する執着を離れればよいのだ！〉と。

ブッダは、苦を生み出す根源が、縁起の道理を知らないという「無知（無明）」や、その無知にもとづいて働く「執着」といった煩悩（心の汚れ）であることを見抜き、それをなくせば一切の苦を克服（＝苦から解脱）できると覚った。

ブッダ三五歳のとき、明けの明星が輝きはじめた一二月八日のこと。実際に明け方だったかどうかは不明だが、心の闇が晴れ、ブッダ自身が新たに生まれ変わったことを象徴するには、これ以上にふさわしい舞台設定はないだろう。

これがブッダの覚りと考えられる。理屈はそう難しくないが、これを実践するのは至難の業。こうしてブッダは文字どおり「縁起という真理に目覚めた人（ブッダ）」になったのである。

救済の道を見いだした法然

さきほど、絶望の心情を吐露した法然の言葉を紹介したが、回心の直前の法然の気持ちを表現した記述の冒頭部分でも、法然の悲痛な叫び声が記されている。

「嘆《なげ》き嘆いて経蔵《きょうぞう》に入り、悲しみ悲しんで聖教に向かって、手ずから自分で開いてみると、善導和尚の『観無量寿経疏《かんむりょうじゅきょうしょ》』（以下、『観経疏《かんぎょうしょ》』）に『一心に専ら阿弥陀仏の名号を称えて、何時いかなることをしていても、時間の長短にかかわらず、常に称え続けてやめないこと、これを正定《しょうじょう》の業という。それは阿弥陀仏の本願の意趣に適っているからだ』という一節を見て後、我々のような無知の者はただひたすらこの一節を仰ぎ、もっぱらこの道理を頼みとし、一念一念を疎《おろそ》かにせず称名を実践し、往生が確定する業因を備えるべきである」（元亨版『和語灯録』五「諸人伝説の詞」聖光伝説）

冒頭で法然の嘆きと悲しみが記されているが、それに続いて法然の回心が語られる。法然は善導が著した『観経疏』の一節をみて、〈私が探し求めていた教えはこれだ！〉と閃いた。〈三学非器という最低最悪の私でも実践できる行は念仏である。なぜなら、これは仏の願いに適っているからである〉と考えたのである。

この一節に巡り会うため、法然は黒谷にある青龍寺《せいりゅうじ》の経蔵にこもり、仏典の一大集成である一切経を五回読んだという。いかに法然が切羽詰まっていたかがうかがえよう。

成道と回心

死と再生をともなうイニシエーション（通過儀礼）に話を戻す。二人にとって、まず最初のイニシエーションは出家である。ブッダの場合、王宮の生活と王子の位を捨てて出家した。ブッダは出家者の生活に入るにあたり、自ら髪を切り、豪華な衣服を脱ぎ捨てると、粗末な衣を身にまとう。

法然も比叡山で出家受戒し、幼名である勢至丸から法然房源空《ほうねんぼうげんくう》へと名前を変え、通過儀礼を経験する。こうして二人は第一の通過儀礼により、世俗の生活から宗教生活へと進んだ（法然の場合は、この後、〈遁世〉により、さらに高い段階へと進む）。

そして第二の通過儀礼、それはブッダの成道と法然の回心である。これは儀礼とは言えないが、単なる出家者の段階に入る第一段階目から、さらなる高次の段階に至るための通過である。それは、〈宗教指導者〉という段階だ。

ブッダは単なる出家者という段階から、成道の経験により、一沙門（出家修行者）として死に、仏教という新たな宗教の指導者として再生した。法然も単なる比叡山の出家者という段階から、回心の経験により、天台宗の一出家者として死に、新たな宗派（浄土宗）の祖として再生した。

法然は、「学問では自分自身の独創的なアイデアをだすことが大事であり、師匠の教えをそのまま伝えるのは簡単である」（『勅伝』第五巻）という言葉を残している。ブッダも法然も既成のパラダイムを根底からシフトさせ、新たな知見、独創的な価値観を世に提示した。こうして二人は二段階の死と再生とを経験することで、新たな世界における、宗教的指導者としての資格を獲得したのである。

ただし、師に関しては両者に違いが見られる。ブッダは誰にも頼らず自力で覚りを開いた（無師独悟《むしどくご》）のに対し、法然は偏依善導《へんねぜんどう》、つまり中国の唐代に活躍した善導の教えに専ら頼って回心を達成した。

偏依善導なら、法然の思想は独創的とは言えないと指摘されそうだが、法然は善導の教えをそのまま継承したのではなく、それに基づき法然独自の解釈を展開したので、法然の打ち立てた思想には独創性があると考えてよい。

＊

ヌミノース体験

これは宗教学者ルドルフ・オットーが創作した用語で、「日常とはまったく異質で、理屈や言語では言い表せない非合理的な情緒的体験」を意味する。ヌミノースは「ぞっとするような身震いをともなう〈畏怖〉」と同時に、「人の心をうっとりとさせる〈魅惑〉」を感じさせる両義性を持っており、これを体験した人は破壊的な人生を送ることもあるが、人生を肯定的にとらえたり、建設的に人生を考えるきっかけにもなる。

くしくもブッダと法然は、成道と回心という精神的飛躍を経験した後、自分が到達した境地を他者に説くことを躊躇《ちゅうちょ》する。そして逡巡していると、両者とも不思議な霊的体験をし、それがきっかけで説法を決意したり、専修念仏を弘通《ぐずう》することになった。

成道や回心は宗教家にとって特筆すべき一大事ではあるが、そこで終わっていれば、仏教も浄土宗もこの世には存在しなかったのである。自分が到達した境地を言語化し、それが他者の共感を得ることで、後世に伝承されることが可能になるので、我々にとっては、成道や回心の体験と同様に、その体験が〈語られた〉ことに大きな意義を見いださなければならない。

梵天に勧請されるブッダ

成道後、ブッダは法悦に浸っていた。出家して六年、悪魔の誘惑に一度は挫けそうになったのであるから、目的を成就したブッダの喜びは相当であったに違いない。ブッダは七週間、様々な樹の下で結跏趺坐《けっかふざ》し、解脱の喜びを味わっていたが、この間、龍王ムチャリンダがブッダの体の周囲を七周めぐって蜷局《とぐろ》をまき、暴風雨や寒気、また虻や蚊からブッダを守護していた。

そのとき、ブッダは〈苦労して私が覚ったことを、今、説く必要があろうか。説いたとしても、暗闇に覆われた人々は理解できないであろうから、徒労に終わるだけだ〉と考え、説法を躊躇した。

それを知ったバラモン教の最高神である梵天（ブラフマン）は、このままでは世が滅びると考え、あわててブッダの前に現れると、頭を下げて「尊師は法をお説き下さい。この世には生まれつき汚れの少ない者がおります。説法を聞けば、彼らは覚ることができるでしょう」とブッダに説法を勧める。

ブッダにすれば、自分が覚った法は難しいので、誰も理解できず、説法の努力はむだであると考えたのだが、梵天が三度かさねてブッダに説法を懇願したので、ついにブッダは説法を決意した。これを梵天勧請《ぼんてんかんじょう》と言う。

降魔と同様に、これもブッダ自身の内面的葛藤と理解することができる。ブッダの「説法しても徒労に終わる」というつぶやきはブッダの〈弱気な心〉を、また「説法すれば理解できる人もいる」という梵天の声はブッダの〈強気な心〉を代弁しており、両者のせめぎ合いがブッダと梵天のやりとりとなっている。

「法を説くべきか説かざるべきか、ブッダは心の中で葛藤していた」と直接的に表現するより、ブッダと梵天とのやりとりとして間接的に表現した方が文学的であり、印象的な表現となる。

善導と対面する法然

善導の『観経疏』の一節で回心した法然だったが、それを人々に説くにはまだためらいがあった。言葉を介し、理屈としては念仏往生を理解できても、体験として情的に阿弥陀仏との関係を実感できずにいたからだ。悶々と時を過ごしていると、ある夜、法然は夢の中で不思議な体験をする。

一つの山があり、その峰は大きく、南北に長く連なり、西に向いていた。その山の麓には大きな川があり、浄き水が北から南へと流れている。山の中腹まで登って西方のかなたを眺めると、地上から一五メートルほどの上空に一群の紫雲があり、その紫雲が法然にむかって飛来すると、その中から無量の光が放たれた。

そして光の中から、孔雀《くじゃく》や鸚鵡《おうむ》などの、あらゆる宝の色をした鳥たちが飛び出して、四方に飛び散ったり、また川のほとりで遊び戯れている。その鳥たちは体から光を放ち、照り輝いていたが、やがて鳥たちは飛び立ち、もとの紫雲の中に入ってしまった。

その紫雲はさらに北に向かって山河を覆い隠した。あたりに往生した人がいるのかと思案していると、また瞬時に戻ってきて法然の前で止まるではないか。紫雲は次第に拡がって空全体を覆うと、その中から僧が現れ、法然の前で止まった。

その姿は、腰から下は金色《こんじき》、腰より上は墨染めであった。法然が合掌し、「あなたさまはどなたでいらっしゃいますか」と尋ねると、「私は善導である」と答える。法然が驚いて「何のためにお越しになったのですか」と尋ねると、その僧は「あなたが専修念仏を広めるのが尊いので、やってきたのだ」と応答した。その直後、法然は夢から覚めた。これを二祖対面《にそたいめん》と言う。

法然はその主著『選択本願念仏集《せんちゃくほんがんねんぶつしゅう》』（以下、『選択集《せんちゃくしゅう》』）において、善導のことを「阿弥陀仏の化身」、すなわち「阿弥陀仏が善導の姿をとって仮に現れた」と表現しているが、夢の中で法然の前に現れた善導の下半身の金色は、それが「阿弥陀仏」の化身であることを視覚的に象徴している。

隠れた戦略的意図

実際にブッダと法然がこのような体験をしたのかどうかは不明だが、少なくとも「歴史が作ったブッダ／法然」はヌミノース体験をしたことになっている。ヌミノース体験自体は〈聖〉そのものだが、この聖なる体験には裏があり、俗っぽい一面が潜んでいる。

梵天勧請の登場人物は、覚りを開いたばかりで、将来、仏教の開祖となるブッダと、アーリア人がインドに侵入して以来、彼らの正統宗教として君臨してきたバラモン教の最高神（梵天）という対照的な二人である。そして伝統あるバラモン教の最高神が覚ったばかりのブッダに頭を下げて説法を懇願するという構図は、仏教の優位、あるいはインドにおける宗教の新旧交代を暗示している。

一方、法然の二祖対面にはいかなる戦略的意図が隠されているのか。現代では新しいものに価値が置かれることが多いが、宗教や伝統芸能は逆に古いものに価値を置く。そしてその伝統は師資相承《ししそうじょう》（師匠から弟子に受け継がれる）が常であり、この伝統の継承がきわめて重要である。仏教ではこれを法脈《ほうみゃく》あるいは血脈《けちみゃく》とも言う。

ところが、法然の場合、善導の教えに導かれて回心したとはいえ、彼には浄土宗開宗に至った直接の師匠がいない。法然にさき立つ平安時代の最澄と空海は、いずれも中国の唐に渡り、最澄は天台山で修禅寺《しゅぜんじ》の道邃《どうすい》や仏隴寺《ぶつりょうじ》の行満《ぎょうまん》に天台教学を学び、空海は密教の第七祖である長安・青龍寺の恵果《えか》に師事した。そして帰国すると、二人は天皇の許可を得て、それぞれ天台宗と真言宗を開いている。

これに比すると、法然は中国に行って誰かに師事し、浄土の教えを受けたわけではないし、天皇の許可もないので、当時の常識からすれば、法然の浄土宗は〈根なし草〉であって正統性はないし、正統性のなさは布教に関して大きな障害となったであろう。

善導と法然は国も時代も異なるので、二人が直接会うのは不可能だが、夢を介せば、その不可能が可能になる。古代や中世において、夢は現実以上にリアリティ（現実味）を持っていた。

こうして夢中の二祖対面は、浄土宗の法脈に正統性を与え、また専修念仏の弘通にお墨つきを与える話としても機能する。ともかく、二人はヌミノース体験をした点で一致し、その体験がもとになって、自分の独創的な思想を人々に説くきっかけにもなった。そしてその聖なる体験に、両者ともに俗っぽい戦略的意図が織り込まれていたのは、興味深い共通点である。

＊

真の聖者とは？

ブッダも法然も出家し、俗界を離れて聖なる空間に引きこもった。ブッダがこもった苦行林に俗界の騒がしさはなく、修行に最適である。法然が隠棲《いんせい》した比叡山の黒谷も俗界とは隔絶し、修行にぴったりだ。ところが二人は長い引きこもりの後、その聖なる空間を捨て、再び俗界に還ってきた。

戒律を破って僧侶の資格（僧籍）を剝奪されれば〈還俗〉することになるが、この還俗と二人が俗世間に還ったことは根本的に異なる。還俗は、ただの俗人に戻ることだが、二人の場合は、自分の体得した境地や思想を世間に開陳し、世間の人々を教化するためである。還俗は〈聖〉を捨てて再び〈俗〉を得ることだが、ブッダと法然は、〈小なる聖〉を捨てて〈大なる聖〉を得たと言える。

俗界にいたのでは修行できないので、人は出家して俗界から隔絶した生活を送る。たとえば、禅定（精神集中）を修する場合、人里離れた古寺の本堂と、雑踏行き交う渋谷の忠犬ハチ公像前では、どちらが容易に精神集中できるかは言うまでもない。では、人里離れた古寺でしか禅定できない人と、渋谷の忠犬ハチ公像前でも禅定できる人と、どちらの修行が進んでいるのか。それは明らかに後者である。

真の不動心を獲得した人に、場所は関係ない。修行半ばの人が俗界に戻れば、すぐに俗に流されてしまうが、真の聖者は俗界に戻っても、その俗に流されたり、俗の影響で聖を失うことはない。〈俗〉はもちろん、〈小さな聖〉も超越し、〈大なる聖〉を獲得する、これぞ大乗仏教の真骨頂。蓮は泥水の中にあって浄らかな花を咲かせるのである。大乗の菩薩は利他行のため、あえて俗世間に飛び込み、人々を救済するが、俗に影響されることはない。では、二人の俗界での活躍ぶりを見ていこう。

法を説くブッダ

梵天に勧められて説法を決意したブッダは、まず最初に誰に法を説こうか思案した結果、最初に師事したアーラーダ仙とウドラカ仙を思いつくが、そのとき二人ともすでに他界していた。そこで次に思いついたのが、苦行時代の五人の仲間である。

ブッダは彼らがいるサールナートの鹿野苑《ろくやおん》に行くと、彼らはブッダが苦行を放棄したことを不快に思い、ブッダがやってきても無視しようとした。だが、ブッダの威光に打たれて思わず立ち上がると、ブッダに礼をしたり、ブッダの足を洗ったりした。五人の仲間は、ただならぬものをブッダに感じたのである。

そこでブッダは彼らに、四諦《したい》（四つの真理）や八正道《はっしょうどう》（八つの正しい実践道）などの説法をした。これを〈初転法輪《しょてんぼうりん》〉と言う。「初めて法輪を転じる」という意味だが、法輪の「輪」とは敵を滅ぼす武器を意味する。

ただし、武器といっても人を殺すわけではない。では何を殺す（滅ぼす）かというと、「邪説」である。ブッダが説く法は、論理性と正当性を備えているので、迷信や根拠のない邪説を滅ぼすのである。四諦とは、苦諦《くたい》・集諦《じったい》・滅諦《めったい》・道諦《どうたい》の四つを言う（付録一九二頁参照）。また八正道とは、正見《しょうけん》・正思《しょうし》・正語《しょうご》・正業《しょうごう》・正命《しょうみょう》・正精進《しょうしょうじん》・正念《しょうねん》・正定《しょうじょう》の八つを指す（付録一九四頁参照）。

この八正道を実践することで一切の執着を断ち、苦から解脱して心の平安を得るというのがブッダの基本的な考え方なのである。

この説法を聞いて、五人の仲間たちは次々と覚りを開いてブッダの弟子となり、ここに教団が組織された。真理に目覚めた人（仏）、仏が説いた教え（法）、その教えに従って修行する出家者の集団（僧）という仏教の三宝が誕生した瞬間であった。

夢中で善導との対面を経験した法然だが、これでただちに専修念仏の弘通に踏み出したのではなかった。比叡山を降りた法然は、京都西山《せいざん》の広谷《ひろだに》（現在の長岡京市あたりか）に住む遊蓮房円照《ゆうれんぼうえんしょう》を訪れた。

説法にはまだ慎重な法然

円照は善導流の念仏を実践し、阿弥陀仏と心を通わす体験（感応道交《かんのうどうこう》）を体験しており、まさに念仏において証を得た人であったので、二祖対面の経験に加え、実際に念仏を通して阿弥陀仏との感応道交を体験している円照と会うことで、念仏で救われることをさらに確認しに行ったのではないか。

どこまでも法然は慎重な人であった。責任を持って人に何かを勧めるときには、確証や確信が必要だ。念仏で極楽往生できると心の底から勧めようと思えば、まずは自分自身が、頭で知的に理解し、体で理解し、それを実践できている人の話を聞くなどして、極楽往生を確信できていなければ、自信を持って人に勧めることはできない。

『観経疏』の一節に出会って回心し、夢中で善導と対面し、遊蓮房円照との出会いを経て、法然はようやく専修念仏弘通への一歩を踏み出したが、まだあくまで一歩。法然は円照を看取ると、広谷から吉水《よしみず》に移り住むが、そのころはまだ積極的に念仏を人に勧めることはなく、庵を訪ねる者に念仏を勧める程度で、自ら念仏に励むことが主であった。自信を持って人に勧めるには、まだまだ自分の中で確証がもてなかったのかもしれない。だからその確証を得ようとして、自ら念仏の行に没頭したのであろう。

新興宗教としての仏教と浄土宗

現在、仏教は二五〇〇年、浄土宗は八〇〇年以上の歴史を持つ伝統的な宗教となった。明治期以降におこった宗教を「新興宗教」と呼ぶが、仏教も浄土宗も最初は新興宗教だったのであり、布教にあたっては、伝統のなさゆえに様々な困難があったので、この伝統作りに腐心した形跡が見られる。

いくら仏伝作者が梵天勧請でバラモン教と仏教との新旧交代を暗示しても、歴史や伝統のなさは否定できない。そこで考え出されたのが、過去仏思想。つまりブッダが目覚めた法〈真理〉は、この世ではじめてブッダが〈発明した〉のではなく、過去の仏たちが辿った同じ道をブッダも辿って〈発見した〉のだと説かれるようになった。

これによってブッダが目覚めた法には普遍性があり、またブッダ以前にも過去に六人の仏がいたと説くことで、正統性を担保しようとしたのである。

一方、法然は、その主著『選択集』の第一章で浄土宗の正統性を担保する血脈を論じている。天台宗や真言宗に師資相承があるように、浄土宗にも師資相承の血脈があり、法然の浄土宗は、菩提流支《ぼだいるし》→曇鸞《どんらん》→道綽《どうしゃく》→善導《ぜんどう》→懐感《えかん》→少康《しょうこう》と次第する相承があると指摘する。

最初の菩提流支を除く五人は「浄土五祖《じょうどごそ》」と呼ばれているが、この相承のうち「道綽→善導→懐感」を除けば、そこに確固たる師弟関係はなく、この六人の系統を通して浄土の教えが師資相承されたわけではない。

＊

出家者と在家者の関係

古代インドの出家者は修行に専念するため、出家すれば在俗の仕事に就くことはなかった。つまり生産活動にはまったく携わらなかったので、自分たちで衣食住を調達できなかったのである。

よって、出家者は在家者の物質的な援助なしには修行に打ち込むことができない。ここに出家者の両義的な性格が浮かび上がってくる。俗界を捨てて出家しているので、出家者は世俗とは隔絶しているが、世俗をまったく無視しても生きていけないのである。

在家者は出家者に食事などの布施をするが、出家者は布施を受け取るばかりではない。出家者の在家者に対する布施を、〈法施《ほうせ》〉あるいは〈無畏施《むいせ》〉と言う。法を説く（施す）ことで、無畏《むい》（精神的安らぎ）を在家者に布施しているのだ。

ともかく、仏教や浄土宗が教団として存続していくには、出家者だけががんばっても無理であり、これから説明するように、在家者のサポートが必要になるが、幸運なことにブッダも法然も有力者の帰依を受けることができたのであった。

王と富豪の帰依を承けたブッダ

草の根的に当時の仏教教団を支えたのは、名もなき数多の信者たちであり、彼らの存在なくして当時の教団の維持は不可能だった。これに加え、大人数の教団を支えるには、有力者の援助が必要であった。ここでは、二人の有力帰依者を取り上げよう。

当時インドにはマガダとコーサラという二大国があったが、ビンビサーラ王はマガダ国を治めていた王で、その首都はラージャグリハであった。ビンビサーラ王は、ブッダが覚りを開いたことを知ると、家来を連れてブッダの元に出向き、ブッダの説法を聞くと仏教信者となって、国王が所有する竹林を教団に精舎として寄進した。これが後にマガダ国での伝道の拠点となる。

さてもう一つの大国であるコーサラ国では、富豪のスダッタ長者が教団に多大な貢献をする。彼は身寄りのない人々（アナータ）に食事（ピンダ）を給した（ダ）ので、給《ぎっ》孤独《こどく》（アナータピンダダ）というあだ名がつくほどの寛大な長者であった。所用でコーサラ国からマガダ国に来ていた長者は、縁あってブッダに謁見《えっけん》し、マガダ国の竹林精舎に対抗し、コーサラ国にも精舎を作ることを約束する。

用事を済ませてコーサラ国に戻った給孤独長者はジェータ（祇陀《ぎだ》）太子の園林を買い取って、高弟シャーリプトラの監督のもとに精舎を建立し、それを教団に寄進したが、この精舎は本来ジェータ（祇陀）太子の園林だったので、祇園精舎と呼ばれる。精舎といえば瀟洒《しょうしゃ》な建築物を想像するが、当初は雨露がしのげる程度の簡素な建物でしかなかった。

公家の帰依を承けた法然

摂政関白である藤原忠通《ただみち》の三男であった九条兼実《くじょうかねざね》は、源頼朝の支援もあり、一一九一年には関白にまで昇りつめた政界の第一人者である。彼は一一八八年に長男の良通《よしみち》を若くして喪ったことを機縁としてか、翌年からたびたび法然を自宅に招き、説法や授戒の機会を設けた。

法然には、外部からの評価として、天台において修行を積んで呪力を秘めた天台僧と、真摯な専修念仏者という二つの側面があると言われる。兼実自身、法然から何度も戒を授かるのみならず、また病気の女房や、娘の宜秋門院《ぎしゅうもんいん》にも法然に授戒を依頼しているが、兼実は授戒による治病を期待してのことであり、専修念仏者としてよりは天台僧として法然を招いた。

法然自身も請われるままに授戒に出向いたが、法然にすれば、授戒も念仏を説く機会ととらえていたようだ。「法然聖人が来られて戒を授けて下さった。その後で念仏を始めた」という兼実の言葉がこれを裏づけている。

法然の主著は『選択集』だが、これを著すよう法然に懇願したのが兼実である。こうして法然は六六歳のとき、法然が口にしたことを数名の弟子たちが文字として書写していくというスタイル（口述筆記）でこの書を著した。

後に兼実は法然を師匠として出家し、円証《えんしょう》と名乗る。法然の四国流罪《るざい》に際し、彼は法然を苦境から救出しようと腐心したが、そのころは権力の第一線から退いていたので、状況を打破することはできず、法然の四国出立を見送ってから一ヶ月も経たないうちに、心痛のあまり、この世を去った。

公家の兼実が法然に篤《あつ》く帰依したことは、当時の仏教の正統からは外れていた異端の宗教家・法然に対する世間の見方や評価を大きく変えるきっかけになったのである。

出家者と在家者の違いは？

ブッダと法然の滅後、仏教と浄土宗は絶大なる政治権力者の保護を受けた点も共通する。仏教の場合は仏滅後二〇〇年ごろにインド全域を統治したアショーカ王によって、浄土宗の場合は江戸幕府を開いた徳川家によって、である。では再度、出家者と在家者について、ブッダの時代と法然浄土教の時代の違いを明らかにしておく。

ブッダの時代、出家者と在家者は覚りに関して大きな違いがあった。仏教の究極の目標は修行して苦から解脱することだが、これができるのは出家者だけなので、在家者は、布施などによって世俗的な功徳を積み、よりよき来世を願った。輪廻思想にもとづき、将来、生まれ変わって出家し、解脱を目指すという構図である。

一方、法然浄土教において、出家者と在家者の関係はどうか。目指すべきは両者とも念仏往生なので、両者の間に本質的な違いは何もない。念仏往生は万人が往生できる教えなので、出家や在家は問題にならないのである。ブッダの時代とはかなり対照的だ。

出家と在家に何ら違いがないとすれば、法然浄土教において出家の意味は何か。それは「自信教人信《じしんきょうにんしん》（自ら信じ、他をして信ぜしむ）」、つまり自ら念仏の教えの素晴らしさを知り、それを他者に伝えるという〈教化〉しかない。

教化こそが自らの喜びであるという使命感に燃えること、これができてはじめて出家者であり、できなければ僧形《そうぎょう》をしていても、出家者の資格はない。自分だけの往生を考えるなら、在家者のままで充分だからだ。ここに自利即利他《じりそくりた》という大乗仏教の精神を確認することができる。

＊

ライバルの存在

ライバル関係は、うまく機能すれば、双方の能力を向上させ、結果として周囲にもよい影響を与えてくれる。野球で言えば、少し古いが「長嶋vs.村山」や「王vs.江夏」、日本の歴史では、戦国時代の「武田信玄vs.上杉謙信」などのライバル関係が指摘できる。

ブッダもまっさらな白紙の状態から独自の思想を創造したのではない。それまでインドにあった宗教や思想に満足できなかったからこそ、ブッダはそれに対抗するかたちで自分独自の思想を構築したのであり、また同世代の思想家たちの批判に耐えるには、自分の思想を徹底的に練り上げる必要があった。

法然も、それまでの日本の宗教や仏教の思想では自らの救済を確信できなかったからこそ、それまでの仏教の教えに依りながらも、それを自分なりに解釈しなおし、時機相《じきそう》応《おう》の教え、すなわち末法という歴史観（時）と凡夫という人間観（機）に相応した教えを結晶化させた。

また、その教えは革新的であったがゆえに、当時の仏教の碩学たちの批判に耐えうるように鍛え上げなければならなかったのである。ライバルは、自分の能力を向上させたり、あるいは自分自身が一段高いところにステップアップするために、必要不可欠な存在なのである。

外道と神変対決をしたブッダ

古くからインドでは、厳しい行を実践する者には不思議な超人的能力が備わるという考えがあった。その能力を使って生み出される超常現象を〈神変《じんぺん》〉と言う。空中に浮き上がったり、その場から姿を消して別の場所に移動したり……。

このような仏典の記述をそのまま受け取ることはできないが、しかし何かを極めた人に、常人ではできないことをやってのける力があることは否定できない。ここでは、ブッダが外道たちと神変対決した話を紹介しよう。

あるとき、ブッダはシュラーヴァスティー（舎衛城《しゃえじょう》）で国王プラセーナジット立ち会いのもと、六人の外道たちと神変対決し、外道たちを調伏《ちょうぶく》する。まず最初にブッダが神変を見せた。

ブッダは精神を集中し、空中に飛び上がると、「双神変《そうじんぺん》（上半身と下半身から水と火を交互に出す神変）」を現す。その後、大きな蓮華の上に結跏趺坐すると、四方八方上下に蓮華を化作《けさ》し、そのすべての蓮華に化仏を現して、その蓮華で虚空すべてを覆いつくす「千仏化現《せんぶつけげん》」の神変を行使した。

外道たちはそれを見て怖じ気づき、一目散に逃げ出した。見物にきていた大勢の人々はすっかりブッダの神変に魅了され、彼の説法に聞き入ったのであった。これを〈舎衛城の神変〉と言い、この場面はインドの仏教美術にしばしば登場する。

旧仏教の論客に挑む法然

法然は、神変ではなく、論理によって論客を説き伏せた。当時、大原に隠棲していた天台宗の顕真《けんしん》は、世間の注目を浴びつつあった法然に要請し、既成仏教の碩学たちと意見を戦わせる場を設けた。場所は京都大原の勝林院《しょうりんいん》。これを〈大原問答《おおはらもんどう》（大原談義《おおはらだんぎ》）〉と言うが、今風にいえば、念仏の公開討論会といったところか。

これには当代きっての一流の学僧たち三〇名以上が列席し、法然と白熱した議論を交わした。法然五四歳のときである。四三歳で回心し、その後、一〇年あまりを経て自分の思想に磨きをかけていた法然にとって、これは自分の思想を試す、またとない絶好のチャンスとなった。

その時の状況を、法然自身、「諸宗の教え（聖道門）と専修念仏の教え（浄土門）〔付録二二三頁参照〕は、教えの優劣の比較では互角だったが、その教えを実践する人の能力に関する議論では、私の方が勝っていた」と振り返る。

こうして、法然が錬磨《れんま》した専修念仏の教えは、列席した碩学の学僧たちを納得させると、彼らは顕真の勧めで、三昼夜、阿弥陀仏の周囲を声高に念仏しながら行道した。

この大原問答には一種のすがすがしさを感じる。なぜなら、議論に負けた方も潔く負けを認め、最後に皆で念仏行道しているからである。

これは参加者にとっての一大事が、勝ち負けではなく、真実の追求にあったことを物語っている。議論に勝利した法然は勝ちを誇るでもなく、敗北した学僧たちは負けてくさるでもなく、双方が真実を明らかにできたことの喜びを共有しているのが素晴らしい。

これにより、当時の仏教界における法然の名声は一挙に上昇したのであった。

教義に関する仏教とキリスト教の違い

同じライバル対決といっても、ブッダの場合は仏教以外の思想家・宗教家である六師外道、法然の場合は同じ仏教内部の学僧と、その対象には違いがある。

六師外道は仏典の記述以外にその内容を知ることはできず、当然、仏典ではブッダにこけにされる対象としてしか描かれないが、実際には同じ沙門として、ブッダと六人の思想家たちはもう少し対等なライバル関係にあったのかもしれない。

法然の場合、そのライバルたちは同じ仏教の学僧であり、すでに見たように、激しい議論は戦わせても、最後は皆で念仏行道するという爽やかな終わり方をしている。ここに仏教の〈寛容の精神〉が見られる。

キリスト教は聖書の解釈によって成り立つ宗教なので、放っておけばその解釈は多義にわたるため、解釈や教義を統一するために公会議なるものが開かれた。これによって正統説が一つに定められる一方、〈正統〉からはずれた解釈や教義は〈異端〉の烙印《らくいん》を押され、徹底的に排除される。これは、教義の純一性を保つには優れているが、一方で排他性を帯びることにもなる。

インドでも、ブッダの死後、彼の教えの解釈を巡って教団は分裂し、最終的には二〇のグループ（部派《ぶは》）に分かれた。部派間では教義の優劣をめぐって激しい論争が繰り広げられたが、キリスト教のように、その中から正統説一つを選択することはなかった。どれが絶対に正しいという普遍的な優劣はつけないのである（それを信奉する個人の中では、当然、優劣は問題になるが）。

この傾向は、インドのみならず中国や日本に仏教が伝播《でんぱ》しても継承されている。法然自身、大原問答で、「念仏を説くのも、私のような凡夫に相応する教えだからであり、諸宗の人々の修行を妨げるのが目的ではない」と発言している。

昨今、いわゆるイスラム国に代表されるように、宗教の不寛容な態度が人命を疎かにする事件が頻発しているが、このような時代だからこそ、寛容の精神に立脚する仏教が世界平和にはたす役割は今まで以上に高まっているのではないか。

第三章　対照的な晩年

ブッダ「すべてのものは過ぎ去る。謹んで放逸なることなかれ」『大般涅槃経』

法　然「智者のふるまいをせずして、ただ一向に念仏すべし」『一枚起請文』

日本仏教の特異性

宗教は基本的に個人に関わるものだが、江戸時代の檀家制度導入以降、日本の仏教は「家の宗教」という側面が前面に出る。これは、どの家に生まれるかで宗派が決定されるシステムであり、個人の救いとして別の宗教や他の仏教の宗派を選べば、そこに〈家の宗教〉と〈個人の宗教〉との間に乖離《かいり》が生じることになる。

また檀家制度は、僧侶が布教活動をしなくても、一定の収入が得られる構造になっているので、これは布教や教化を疎かにする僧侶を大量に産出する装置にもなる。しかし、それは江戸時代以降のこと。それ以前は、布教や教化の成否が教団組織の存亡を賭けた重要な活動だった。

ブッダや法然は、自らの体得した境地や思想を他者に伝えるべく布教・教化に専心し、またブッダや法然の教えによって解脱や救済を経験した弟子たちは、その教えの素晴らしさを他者に伝えようと布教・教化に汗を流した。

順風満帆だったブッダ

初転法輪によって、苦行時代の仲間五人を弟子として獲得して以来、ブッダの布教は順調に推移した。小さいながらもブッダを含め六人の教団が組織された直後、ブッダはベナレスの豪商の息子ヤシャスを教化する。

ブッダ同様、彼も物質的には恵まれた生活を送っていたが、そのような生活に虚しさを感じ、夜に家を抜け出すと、「悩ましい、煩わしい」と嘆きながら道を歩いていた。そこにブッダが現れ、「ここには悩みはない、ここには煩いはない」と彼に声をかけると、喜んだヤシャスはブッダから法を聞き、出家した。彼を追いかけてきた両親や妻もブッダに教化され、在家信者となる。

その後、ブッダはマガダ国のウルヴィルヴァーで社会的な信用を得ていたカーシャパ三兄弟の教化を企てた。彼らを教化すれば、マガダ国の教化は容易になるからだ。ブッダはそこで獰猛《どうもう》な毒龍を退治したり、様々な神変を行使し、三兄弟の長男ウルヴィルヴァー・カーシャパとその弟子五〇〇人、続いて次男ナディー・カーシャパとその弟子三〇〇人、最後に三男ガヤー・カーシャパとその弟子二〇〇人を教化し出家させたので、一気に一〇〇〇人以上の弟子を獲得したことになる。

また六師外道の一人サンジャヤの弟子であったシャーリプトラ（舎利弗《しゃりほつ》）とマウドガリヤーヤナ（目連《もくれん》）もブッダの弟子を介してブッダに会い、サンジャヤの弟子二五〇人を連れて出家したので、教団はこの時点で一二五〇人を超える規模にふくれあがった。経典では仏弟子の数を一二五〇人とするのが普通だが、それはこの数に由来する。

この他にも、ブッダは故郷カピラヴァストゥに戻ってアーナンダ（阿難《あなん》）をはじめとする多くの同族者を出家させているし、その中には尼僧第一号の養母マハープラジャーパティーも含まれている。

ともかくブッダは弟子たちに「お前たちも思い思いに遊行《ゆぎょう》し、二人して同じ道を行ってはならない。必ず一人で歩き、なるべく多くの人を教化せよ」という有名な言葉も残した。従兄弟デーヴァダッタの反逆を除けば、ブッダの布教・教化は順調だったと言えよう。

前途多難だった法然

一方の法然は、法難《ほうなん》につぐ法難、また晩年には流罪《るざい》を経験するという憂き目にも遭った。悪業を犯した者も念仏で救われるという法然の教えは、ともすれば悪を助長することにもつながると警戒され、またそれを逆手にとって勝手な振る舞いをする者も出現したので、南都北嶺《なんとほくれい》（とくに奈良の興福寺と比叡山の延暦寺）の僧侶たちは専修念仏を弾圧する行動に出た。

まず最初の法難は、北嶺からの「元久《げんきゅう》の法難」であった。叡山三塔（東塔・西塔・横川）の僧侶たちが比叡山延暦寺大講堂の前に集まり、専修念仏の停止《ちょうじ》を天台座主・真性《しんしょう》に訴えた。

これに対して法然は、「七ヶ条制誡《しちかじょうせいかい》（または七箇条起請文《しちかじょうきしょうもん》）」を示し、「教えを深く知りもせずに、真言や天台の諸宗を批判し、阿弥陀仏以外の仏菩薩を誹《そし》ることを止める事」など、七ヶ条の誡めを制定して、その誡めに背く者は我が門人ではないとし、それに門弟たちは署名した。

つづいて、南都からも弾圧が加えられる。法然は天台宗の僧侶だったので、元久の法難はある意味で天台宗内部の問題とも言えるが、今度は天台宗という枠を超え、日本仏教全体の問題へと飛び火していった。

南都の僧侶たちは「八宗（南都六宗＋天台・真言）同心の訴訟」として「興福寺奏状《こうふくじそうじょう》」を捧げ、専修念仏禁止の訴えを院に申し出た。「興福寺奏状」では様々な法然浄土教の過失が指摘されており、「勅許を得ずに、勝手に浄土宗を開いていること」など、九ヶ条に及んでいる。

興福寺側が要求した専修念仏の禁止はなされず、法然も処罰されなかったが、後に後鳥羽上皇の女官が、上皇の留守中、安楽《あんらく》と住蓮《じゅうれん》の称える節付きの経文に魅了され、無許可で出家したことで、上皇の怒りをかい、安楽と住蓮は処刑され、これをきっかけに法然も流刑に処せられた。これを「建永《けんえい》の法難」と言い、法然は還俗《げんぞく》させられて藤井元彦《ふじいもとひこ》という俗名をつけられ、土佐に配流《はいる》の宣旨《せんじ》が下った。

また死して後にも墓を暴かれるという「嘉禄《かろく》の法難」に遭ったり、また法然の主著『選択集』は、法然の死後、高山寺《こうざんじ》の明恵《みょうえ》や日蓮宗を開いた日蓮から批判されるなど、法然の布教・教化は困難の連続だった。

国家権力と宗教の関係

布教・教化に関して、ブッダと法然はきわめて対照的な道を歩む結果となった。その理由は何か。ここでは、宗教と政治（国家権力）の関係に注目しよう。

インドは宗教に寛容であった。すでに見たように、正統宗教のバラモン教に加え、ブッダの時代には、六師外道も含め、沙門という自由思想家が国家権力の干渉を受けずに活躍した。当時のインドで政治が宗教を規制することはなく、宗教家は自由に活動できた。これがブッダの布教活動を容易ならしめた要因である。本人の力量次第で、信者の獲得や布教は自由に行えたのである。

中国では廬山《ろざん》の慧遠《えおん》の『沙門不敬王者論《しゃもんふけいおうじゃろん》』以来、政治と宗教の問題は取りざたされたが、結局、唐代以降は仏教が政治権力に屈したようだ。日本では、その伝来当初より政治権力との密接な関係において仏教は受容されていく。政治的事情が絡んだ、蘇我氏と物部氏の崇仏排仏闘争に端を発し、奈良時代には鎮護《ちんご》国家のもと、出家制度も国家の監督下に置かれた。

平安時代の天台宗や真言宗も朝廷の認可で創設されているし、当時の出家者は皇族や貴族出身のエリートで形成され、それが国家権力と結びつき、既得権益を謳歌《おうか》していた時代である。

そんな時代に法然は登場した。皇族や貴族出身ではなかった上に、彼の思想は旧仏教と鋭く対立したので、法然はけむたい存在だったに違いない。ブッダと法然の布教活動の背景には、このような政治と宗教との結びつきの有無が大きく影響していた。

＊

桃李《とうり》もの言わざれども下自ずから蹊を成す

「桃李もの言わざれども、下自ずから蹊《けい》を成《な》す」（『史記』）という故事が中国にあるが、ブッダと法然ほど、これにピッタリな人物はいない。人生の様々な問題に直面し悩んでいる人がブッダの評判を聞きつけ、教えを請いにブッダのもとに赴いて聞法《もんぼう》するという話が仏典に散見する。

積極的に辻で説法したという話は出てこないが、法然も、日々の生活や後生のことで行き詰まり、絶望した末、彼の庵を訪ねてきた人々に法を説いた。人々の方がブッダと法然の人徳や人柄に惹かれ、吸い寄せられるように集まってきたのである。

そして、教えを請いに来た人には、ブッダも法然も慈眼を持って優しく教えを説いた。人生に絶望した人々に対し、ブッダと法然がどのように接し、どのような言葉をかけたのかを見ていくことにしよう。

子を失った母に癒しを与えたブッダ

キサー・ゴータミーという女性がいた。ある金持ちと結婚したが、長い間、子宝に恵まれなかった。しかし、あるとき、やっとのことで妊娠し、出産して男児が生まれた。待望の長男が生まれたので、本人はもとより家族も大喜び。しかし、そんな幸せな時間も束の間、その子は病気で死んでしまう。彼女は半狂乱になり、「この子を生き返らせて！」と村中をかけずり回った。

そんな彼女を見かねて不憫《ふびん》に思った人が、「近ごろ、評判の高いガウタマ・ブッダというお方が、近くの森にお弟子さんとともにいらっしゃるから、訪ねてみたら」と彼女にアドバイスした。彼女は死んだ赤ん坊の亡骸《なきがら》を抱き、藁《わら》にもすがる気持ちでブッダのもとを訪れ、「この子を生き返らせて下さいまし！」と懇願した。

ブッダは「それはどうも気の毒だ。よろしい、私がその子を生き返らせてあげよう。村に戻ってケシの実を三つか四つもらってきなさい」と言う。急いで引き返そうとする彼女に、「ただし、今まで葬式を出したことのない家からもらってくるのだよ」とブッダは言い添えたが、この段階では、彼女にその意味がわからない。

村に戻り、一軒一軒農家を訪ね歩き、ケシの実を求めたが、ケシの実を差し出す家はあっても、葬式を出したことのない家はなく、目当てのケシの実を手に入れられないままであった。

訪ねる家々で「葬式を出しました」「葬式を出しました」と何度も聞かされるうちに、ブッダが最後に言い添えた言葉の意味がだんだんとわかってきた。老若にかかわらず、生まれた者は必ず死ぬのだという道理が、一軒一軒歩き回ることで、頭だけでなく身体でも理解できたのである。

半狂乱だった心も、ブッダのもとに戻ってくるころにはすっかり落ち着きを取りもどし、彼女はわが子の死を受け入れることができた。後に彼女は出家し、阿羅漢《あらかん》の覚りを開いている。

最愛の子供をなくした直後の彼女に、「生まれた者は必ず死ぬのだ」と説いても、そんな言葉は耳に入るはずがない。そこでブッダは時間をかけ、そのことに自ら気づくような方便を考え出したのである。絶望の淵をさまよっていた彼女は、ブッダの見事な計らいで癒され、真理に目覚めた人として生まれ変わったのであった。

武士に後生の安心を与えた法然

法然も、人生に絶望した人に生きる希望を与えている。ここでは人殺しを生業とする武士二人を取りあげよう。

まずは平重衡《たいらのしげひら》。彼は平清盛の五男だが、父の命を受けて南都焼討を行い、東大寺大仏殿や興福寺など、奈良の寺院を焼失させた。仏教側からすれば極悪人だった重衡は後生のことが心配になり、一ノ谷の合戦で捕虜になった後、法然との面会を願い出て許されると、法然が招かれる。

重衡が「自分のように罪深い者は地獄に堕ちるのが当然ですが、このような極悪人でも救われる道はあるのでしょうか」と泣きながら訊ねると、法然は「信心をもって南無阿弥陀仏と称えれば、どんな悪人でも救われる。決して疑ってはならない」と説いた。地獄以外に後生がないと諦めていた重衡にとって、この法然の言葉がどれほどの安心を与えたかは想像を絶するものがある。

念仏によって後生の行きさきが地獄から極楽に変更されたので、にわかには信じられなかったのかもしれないが、すべての道を閉ざされた重衡が、一縷《いちる》の望みを念仏につなぎ、至心に「南無阿弥陀仏！」と称えた声が聞こえてきそうである。最後は木津川で打ち首になったが、法然の導きで安心を得た重衡は安らかに往生したのであった。

二人目は、熊谷直実《くまがいなおざね》。彼は、さきほど言及した一ノ谷の合戦で、自分の息子と同い年だった一六歳の平敦盛《たいらのあつもり》と一騎打ちをして彼を討ち取った。武士の定めとはいえ、自分の息子と同年の敦盛を討った直実は慚愧《ざんき》の念に駆られ、法然に会いに行く。

法然との面会を求めて待つ間、彼はいきなり刀を研ぎはじめたので、吃驚《きっきょう》した弟子が法然に取りつぎ、面会が叶う。直実が後生について相談すると、「罪の軽重に関係なく、念仏さえ申せば極楽に往生する。それだけである」と法然は答えた。

それを聞いた直実、自分は罪を償うために、切腹するか、手足の一本でも切り落とす覚悟であったことを打ち明け、喜びのあまり滂沱《ぼうだ》の涙を流す。法然の教えに導かれ、出家を果たした直実は、法力房蓮生《ほうりきぼうれんせい》と号した。

身業説法

仏教は行為（業）を、身体的行為（身業《しんごう》）・言語表現（口業《くごう》）・思考（意業《いごう》）に三分する。説法は言葉で行われるので口業に属するが、言葉以上に大事なのは身業である。

キサー・ゴータミーも平重衡も熊谷直実も、彼らの方がブッダと法然の人徳に吸い寄せられた。人徳は日々の行為の積み重ねで形成されるので、いくら立派なことを口にしても身体的な行動が伴わなければ、徳の形成にはつながらない。ブッダは八正道を実践し、法然は一日六万遍の日課念仏を実践したが、その日々の身業の積み重ねが二人の徳を形成しており、短期間の付け焼き刃で達成されるものではない。

そのような人には人を引きつける魅力が自ずと備わり、自分から宣伝しなくても、人の方がその徳に吸い寄せられて集まってくる。そして、そのような人の姿は言葉以上に饒舌に真理（法）を伝えることもあるので、これを〈身業説法《しんごうせっぽう》〉と呼ぶ。言葉に依らない、身体を使った説法という意味である。

こうして錬磨された人格や人徳は、目に見える形で現れることもあるようで、伝承者の誇張はあるが、ブッダの姿は「千の太陽をしのぐ光を放ち、宝の山が動いている如く」と表現され、法然を心の底から敬信した九条兼実には、「法然が空中で蓮を踏み、背後には光がさしているように見えた」と言う。

ブッダや法然はことさらに何かを口にしなくても、そのような二人の姿を見るだけで心が安らぎ、癒しを得た人は、当時、多くいたのではないか。

＊

悪の問題

人間は弱いので、環境次第で簡単に悪事を犯してしまう。大勢の人が見ている場所で大金を拾うと警察に届けるが、誰もいないところなら、悪魔の誘惑に駆られ、つい自分の懐にそれを収めてしまうこともあろう。

犯罪のニュースを見て、一方的に容疑者を「あの人は悪人、私は善人」と断罪できるだろうか。犯した罪は許されるべきではないが、容疑者と同じ環境に置かれたとき、我々が絶対に同様の罪を犯さない保証はない。

世の中には様々な環境が原因で、悪を犯さざるを得なくなった人もいるだろうし、今はそうでなくても、状況次第で悪を犯してしまう人もいる。法然浄土教が問題にするのは、そこだ。つまり人間はすべて本質的に〈凡夫〉、すなわち悪人であり、いつ悪を犯してもおかしくない存在なのである。問題はその自覚があるかないか。

人間存在をその根底から見つめなおしたとき、人間は「悪を犯す可能性を持っている」という意味で、みな平等である。だからこそ、ブッダも法然も悪を犯さなければ生きていけない〈悪人〉に温かい眼差しを持って接し、自分のように愛おしく思い、彼らを見捨てることはできなかったのであろう。

ブッダと悪人・遊女

ブッダが教化した極悪人といえば、アングリマーラだ。アングリとは「指」、マーラとは「首飾り」を意味するので、アングリマーラとは「（人の）指で作った首飾り」の意味になる。つまり彼は人を殺しては指を切り落とし、その指に糸を通して首飾りにしたので、このようなあだ名がついた。本名はアヒンサ（「不殺生《ふせっしょう》」の意）と言う。つまり、本来、彼は人を殺すような悪人ではなかった。

ある師匠に師事し修行していた彼は、師匠の留守中、師匠の妻に誘惑されたが、それを断ると、逆上した彼女は帰宅した夫に嘘をつき、アヒンサが自分に乱暴したと告げた。怒った師匠はアヒンサに「今から一〇〇人を殺し、その指を切り落として首飾りにすれば許してやる」と命じられたのである。

こうして濡れ衣を着せられた上に殺人を強要されたアヒンサは、師匠の命ずるままに九九九人の人を殺し、後一人で目標達成というところで、ブッダに出会う。当然のことながら、ブッダは巧みな説法で彼を教化し、自分の非を悔い改めた彼は仏弟子となって修行に励んだ結果、阿羅漢の覚りを開いたのであった。

次は遊女である。ヴァイシャーリーという町に、アームラパーリーという有名な高級娼婦がいた。ブッダに深く帰依していた彼女は、ブッダがヴァイシャーリーに遊行にこられたと聞くと、ブッダのもとを真っさきに訪れ、食事に招待する約束をとりつけた。その帰り、町の公子たちがアームラパーリー一行とすれ違う際、町にブッダが来たことを知らされ、ブッダを食事に招待しようとしたが、さきにアームラパーリーに招待されているとして、ブッダは公子たちの申し出を断った。

断られた公子たちはアームラパーリーと交渉し、なんとか食事招待の権利を譲ってくれと交渉したが、彼女は頑としてそれを拒否した。このエピソードから二つのことがわかる。一つはアームラパーリーのブッダに対する確固たる信、そしてもう一つは信者を身分で分け隔てしないブッダの平等心である。

遊女と公子という対照的な身分、布教のことを考えれば公子に軍配が上がりそうだが、ブッダはそれにとらわれず、さきに自分を招待した遊女の約束を優先したのである。行動はクールでも、信者に対するブッダの温かな眼差しが伝わってくる。

法然と悪人・遊女

七人の妻を持ち、悪業を常とする元陰陽師・阿波《あわ》の介《すけ》が京都伏見に住んでいた。あるとき、播磨国に向かっていた彼は道に迷ってしまう。現世の旅においてさえ道先案内人が必要であるなら、後生の旅はいうまでもないと深く感じ入り、道心をおこすと、のちに法然に帰依して出家した。

彼については、有名なエピソードが伝わっている。あるとき、法然は浄土宗の第二祖となる弁長《べんちょう》に、「私の称える念仏と阿波の介の称える念仏とどちらが勝っているか」と訊ねた。「もちろん、師匠のお称えになる念仏です」と弁長が答えると、法然は「お前は日ごろ、何を学んでいるのか。阿弥陀仏よ、助けて下さいと申す念仏に優劣などあるはずがない」と答えた。

もう一人の悪人は、耳四郎《みみしろう》という盗人である。あるとき、彼が屋敷の床下に忍び込むと、床上ではおりしも法然が説法をしていた。否が応でもその説法が耳に入ってくる。「どんな悪人でも阿弥陀仏は救って下さる」という一節を聞くや、身を潜めていたことも忘れて床下から飛び出し、「私のような大悪党でも救われるのでしょうか」と聞くと、「そのとおり」と法然はおだやかに答えた。

最後に遊女の教化を紹介する。ブッダ同様、法然も遊女を教化した。建永の法難で法然が四国に流罪となり、瀬戸内海を西に進んでいたときのこと。室《むろ》の泊《とまり》で一艘の船が法然の船に近づいてきた。その船には遊女が乗っていたが、彼女は「このような罪深い身の私は、どうすれば後生で助かるのでしょうか」と訊いてきた。

すると法然は「できれば、そのようなお仕事はお止めなさい。しかし止めることができなければ、その身のままで、ひたすら念仏をお称えなさい。阿弥陀仏の慈悲はそのような罪人のためにこそあるのです。念仏さえすれば、極楽に往生すること間違いありません」と優しく諭した。

優しい眼差し

ブッダと法然、時代も違えば地域も違う二人だが、悪人や遊女に優しい眼差しを持って接している。人間存在の根底を見すえたとき、見えてくるのは何か。我々は遺伝子を自分で選べないし、生まれてくる時代や地域も選べない。気がついたときには、ある特定の遺伝子を背負わされ、時代や地域も選択の余地なく与えられている。

わずかの差で、ある人は幸福を享受し、別の人は不幸を余儀なくされるのが現実の人生。アングリマーラも最初から悪人だったわけではなく、ある意味では被害者であった。遊女や盗人にも、そうせざるをえない事情があったに違いない。

今は罪を犯していない人も、状況次第では大きな罪を犯す可能性をみな持っている。倫理や道徳がなければ、この世では生きていけないが、倫理や道徳だけでも生きていけない。そこからこぼれ落ちる人は必ず出てくる。ここで取り上げた人々はまさにそのような人の代表とも言えるだろう。

法然が問題にしたのは、まさにそのような人々の救済であった。法然は自己存在の根底に横たわる黒々とした巨悪を発見し、自らを罪悪生死の凡夫ととらえ、そのような自分を含めた万人の救済をとことん追究したのである。

ブッダの宗教は自力成仏《じりきじょうぶつ》の教えだが、しかし法然同様、ブッダも人間存在の洞察においては法然と同じ視点を持っていた。だからこそ、アングリマーラやアームラパーリーといった社会の底辺に生きる人々に優しい眼差しを持ち、彼らの幸せを親身になって考えたのである。

＊

我執・我所執

現実の人間にとって、自分ほど可愛いものはない。自分を大切にする気持ちは大切だが、「他者を踏み台（犠牲）にして自分だけが」となると、これは問題である。

仏教では、「自己」に関する執着として「我執《がしゅう》」と「我所執《がしょしゅう》」をあげる。「我執」とは「私が、私が」という自我意識、「我所執」とは「これは私のものだ！」という所有意識。人間であるかぎり、我々はこのような意識を大なり小なり持っており、日常生活を営む上で適度な自我意識や所有意識は必要だが、度を超すと自分や周囲に様々な問題やトラブルを引きおこす。

このような意識は個人のみならず、個人の集団である組織や国にも存在する。大国は「我が国こそ世界一」を誇示するために、様々なパフォーマンスで自我意識を振りかざし、また「これは我が国固有の領土だ」とある国が主張すれば、隣国は「いや本来、それは我が国が所有していた」と領有権を主張し、互いに所有意識を増幅させていく。

このような自我意識や所有意識が国レベルで増幅すると、紛争や戦争に発展することは歴史が証明しているし、日々のニュースで報道される様々な事件や争いの原因を探れば、人間の我執と我所執が何らかの形でからんでいるように思われる。

大きな影響力を持つ人や組織のトップに立った人は、自分を相対化することが難しいので、我執や我所執といった悪魔に魅入られてしまうと非常に危険だ。宗教でも教祖と呼ばれる人は自分を相対化しにくいので、一歩間違えば、反社会的な行動を取ることもあり、人類史上、悲惨な事件が繰り返されてきた。では教祖・開祖であるブッダと法然はどうだったのか。

真実の自己と真理こそが拠り所

ブッダも人間、寄る年波には勝てず、老いに侵され、その結果、病気がちになった。当時の修行者は一カ所に定住せず、町から町、村から村へと〈遊行〉という旅を続けながら生活をしていたが、ラージャグリハから故郷のカピラヴァストゥへ向かうブッダ最後の旅の途中で大病を患ってしまう。

ブッダには大勢の弟子たちがいたが、その中でもブッダと親子ほどの年の差があったアーナンダは、ブッダの侍者として、父のようにブッダの世話をしていたので、誰よりもブッダのことを観察し、体調の変化にも敏感だった。日に日に老い、病気を患うブッダを見て、アーナンダはブッダがもう長くないことを覚る。

教祖ブッダの死は、残された教団や仏教徒に大きな影響を与えるので、アーナンダはブッダに、「あなたが亡くなれば、我々は一体どのように生きていけばよいのでしょうか」と尋ねると、ブッダは静かに答えた。「真実の自己と法（真理）とを洲（島）とし、拠り所とせよ。その他を洲とし、拠り所とするなかれ」と。「洲」とは洪水の際、河にできる中洲（一段高い所）であり、緊急時の避難処になる場所である。

また別の資料では、「洲」は「灯明」に置き換えられることもある。これを「自灯明《じとうみょう》法灯明《ほうとうみょう》」と言う。この場合は、真っ暗な夜道を歩く際、足下を照らす灯明が自己の拠り所となるという意味だが、いずれにせよ、ブッダは自分が死んでも、「真実の自己」と「真理」とを拠り所にすればよいとアーナンダに伝えた。

我執にとらわれた教祖なら、「私の墓を建立して礼拝せよ」「私の銅像を造って参拝せよ」と言いそうなところだが、ブッダの場合、そこに「我」、つまり「ブッダ自身の存在」は微塵もない。自分に頼ろうとするアーナンダを、温かく突き放している。

念仏の声するところ……

ブッダ同様、法然も臨終が近づくと、ひたすら往生のことばかりを談じ、それ以外のことは口にせず、声高に念仏を称え、眠っていても口は「南無阿弥陀仏」と動いているほどであった。

そのとき、弟子の法蓮房信空《ほうれんぼうしんくう》が「昔から学徳の優れた人には皆、遺跡《ゆいせき》というものがあります。しかしながら現在、上人には遺跡となる寺院の一つもございません。上人が亡くなられた後、どこを遺跡とすればよいでしょうか」と尋ねた。アーナンダと同様、信空も、法然亡き後、法然ゆかりの遺跡が存在しない状況を憂いて質問した。それに対する法然の答えは次のとおり。

「遺跡を一つの場所に限定すれば、私の遺した念仏の教えは遍くいきわたらない。私の遺跡はすべての場所に遍満している。というのも、念仏の教えをおこして盛んにすることとは、この私が生涯をかけて教え勧めたことである。念仏が称えられている場所は、身分の上下に関係なく、漁師の粗末な小屋であっても、すべて私の遺跡である」（『勅伝』

第三七巻）

普通なら、自分の人生を振り返り、思い出の場所を指定して、そこを遺跡に指定しそうなものである。法然自身が指摘したように、問題は念仏の声がしているかどうかである。霊場を定めても、そこで念仏の声が聞かれないならば、それは霊場でも遺跡でもないということになろう。

無我（自己の相対化）

ブッダの教えは自ら修行して煩悩を滅して覚りに至る自力の法門、かたや法然の教えは、自力を捨て去り、念仏を称えることで阿弥陀仏の本願力に乗じ、極楽に往生する他力の法門と、同じ仏教でも覚りに至るアプローチはまったく違う。正反対とも言える。

しかし、真摯に道を求める二人の精神性は驚くほどに酷似している。傍目から見れば、どちらも周囲に大きな影響力を持ち、教祖・開祖と慕われる立場だが、そこに我執や我所執の臭いは一切しない。見事なまでに「我」を消し去っている。そして、そこが逆に人々の心を引きつける魅力ではないだろうか。

「真実の自己と真理を拠り所とせよ」「念仏の声するところが我が遺跡なり」とサラリと言ってのける二人の教えだからこそ、長い歴史の中で陶汰されることなく生き延び、平成の世に生きる我々の心さえも打つ力を持っていると言えそうだ。

＊

死んでも死にきれない

造花を美しいと思わないのはなぜか。枯れないからである。枯れないから、「その花の美しさは今しかない」という感動はない。枯れるからこそ、その花の美しさは今しかなく、永遠の輝きを放つ。

桜が年中咲いている光景は、何とも味気がない。桜は枯れて散るのではなく、美しいまま散るので、よけいに日本人の美意識をくすぐる。人間も死ぬからこそ生きている〈今〉というこの瞬間がかけがえのないものとなり、永遠の輝きを放つのではないだろうか。死ぬからこそ後悔せぬよう人は努力し、また努力することに意味も見出せる。

死という現実を直視せず、毎日を怠惰に過ごせば、いざ死ぬ段になってあたふたし、

「これでは死んでも死にきれない」と愚痴をこぼすことになる。ドラマの台詞にでも出てきそうなフレーズであり、また現実の臨終場面でも人生にやり残したことがある場合には、口をついて出てきそうな言葉だ。

さて、この「死んでも死にきれない」という慣用表現、辞書的には「あまりに残念で、このままでは死ぬことができない」という意味になるが、私はあえて辞書とは違う解釈をしてみたい。

「死んでも死にきれない」を、私は「〈死ぬ〉ことはできても、〈死にきる〉ことはできない」と解釈する。では、〈死にきる〉とは？「〜きる」とは「完全に〜する」を意味する。たとえば、「お金を使いきる」とは、「一円も残すことなく、完全にお金を使う」ことを意味するし、「力を出しきる」は、「完全に力を発揮し、それ以上、力が出ない状態」を意味する。

だから、〈死にきる〉とは「完全に死ぬ」を意味する。では「完全に死ぬ」とはどういう意味か。それは〈生ききる〉と表裏の関係にある。つまり、完全燃焼して生ききった人だけに、死にきることが許される。一点の後悔もなく、自己の人生を充実させた人、つまり生ききった人のみが死にきれるのである。

もうこれ以上は生きられない、というくらい人生を充実させて生きた人に、「もっと生きたい」とか「もっと、ああすればよかった、こうすればよかった」という後悔があろうはずがない。なぜなら「生ききった」つまり「完全に生きた」のであるから。そのような人に、生への後悔はもちろん、死への恐怖などまったくなく、死を平然と受け入れられるに違いない。

そういう意味で、ブッダと法然は見事なまでに自分の人生を生ききり、そして完璧なまでに死にきったと言えそうだ。そしてその二人が生ききった人生の集大成あるいは結晶として、死にきる直前に遺した言葉は恐ろしいまでの重みとパワーを持つ。

怠ることなく道を求めよ

さきほども触れたように、ブッダはラージャグリハから故郷のカピラヴァストゥに向けて最後の旅に出た。その途中、ヴァイシャーリーで大病を患いながらも旅を続け、入滅の地クシナガラの手前でチュンダという在家信者から食事の供養を受けたが、それが原因で食中毒をおこしてしまう。そのときに食べたのが、豚肉か茸と言われている。

その後も病軀《びょうく》を引きずりながら、ブッダはクシナガラに到着する。アーナンダが沙羅《さら》双樹《そうじゅ》の間に床を設けると、ブッダはそこに頭北面西《ずほくめんさい》で横臥《おうが》した。その臨終間際に、スバドラという求道者がブッダに面会を求めてやってきたが、アーナンダによってブッダとの面会を拒絶される。しかし、ブッダはアーナンダをさえぎり、快くスバドラとの面会を受け入れ説法したので、彼はブッダ最後の直弟子となった。

その後、ブッダは集まった弟子たちに「先生にではなく、友人に対するように質問せよ」と言ったが、誰も臨終直前のブッダに質問できなかった。そこでブッダは自ら、「あらゆるものはやがて滅びる。お前たちよ、怠ることなく道を求めよ」と告げて入滅したので、これがブッダの遺言となった。

一見すれば何の変哲もない言葉だが、それができないばっかりに、死ぬ間際になって「死んでも死にきれない」と慌てている人が何と多いことか。

ただ一向に念仏すべし

法然の遺言は「一枚起請文《いちまいきしょうもん》」である。起請文とは「神仏への誓いを記した文書」のことで、その内容に嘘偽りのないことを示す。法然の最愛の弟子とも言える勢観房源智《せいかんぼうげんち》が臨終間際の法然に、「念仏の心使いのありさまは、年来お教えいただいてまいりましたが、さらにご自身の筆で師匠の教えの要点を一筆したためていただき、後々の形見とさせていただきたく存じます」と依頼した。

すると、法然は自ら筆をとり、「一枚起請文」を書き上げて、源智にそれを授けた。亡くなる二日前のことである。八〇年をかけて練りに練り上げた思想が、人生の最終段階で三〇〇ほどの文字数に凝縮されているのである。そしてその中のさらなるエッセンスは、

「ただ一向に念仏すべし」——

不純物を徹底的に除去し、八〇年の人生をかけた思索の結晶である。

末法という絶望的な時代に、自分も含めて誰もが平等に救われる道を模索した法然が、最後の最後にたどり着いた言葉、それが「ただ一向に念仏すべし」であった。「念仏往生」と言葉に出して言うのは簡単だし、念仏そのものは、法然自身が目指したように、誰にでも実践できる易行だが、最終的にそこに行き着くまでは、本書で見てきたように、命を賭けた荊《いばら》の道程があったのである。

生ききり死にきる

誕生して間もなく母と死別し、宮殿では物質的に恵まれた生活を送ったものの、人生の無常を感じて出家し、六年間の苦行の末、死ぬ一歩手前で絶望を経験しながら真理に目覚め、一切の苦から解脱したブッダ。

九歳の時に父を夜襲で失い、一五歳にして母と別れて比叡山に上り、二五年の引きこもりを経て、絶望の暗闇を這いずりまわった末、善導の教えに希望の光明を見出すも、晩年は様々な法難に遭った法然。

人生は苦であり、生まれた以上、様々な苦を経験するのは確かだが、それにしてもブッダと法然の人生はそれぞれ凄絶であった。とくに法然の場合、日本固有の事情もあって、旧仏教側からの強烈なバッシングに苦しめられた。しかし、「艱難辛苦《かんなんしんく》、汝を玉にす」の言葉どおり、むしろ逆境をバネに法然は成長したのかもしれない。

成道以降のブッダ、そして回心以降の法然は、死と真摯に対峙し、死を怖れている感じがまったくしない。生死を超越しており、それが〈生ききること〉、ひいては〈死にきること〉に繫がっているように思われる。生と死を峻別し、生の彼方に死を据えるような生き方では、生ききることも死にきることもできない。

＊

輪廻と死

生前にどのような行為（業）を行ったかによって、死後の生存の状態（地獄・餓鬼・畜生・阿修羅・人・天）が決定されるというのが、仏教の業報輪廻説である。つまり、死ねばそれですべてが終わるのではなく、死後、また新たな生（次の生）が始まると考えられた。生まれた以上、死ぬのは嫌だが、かといって、生と死を永遠に繰り返すというのも辛そうである。

初期の仏教徒は輪廻の中を永遠にさまよい続けるのを苦と考え、その輪廻から抜け出て永遠の安らぎの境地（涅槃《ねはん》）に入ることを理想とした。これを解脱と言う。

ところがしばらくして、インドに大乗仏教という新たな仏教が誕生すると、この涅槃の考え方は大きく変容する。大乗仏教は自利（自分の幸せ）と利他（他者を幸せにすること）を同一視するので（自利即利他）、自分だけが解脱して、「ハイ、さようなら」というわけにはいかない。大乗仏教徒は自己も他者も両方が幸せになることを理想とするので、自分が涅槃に入るだけでは満足しないのである。

「私以外の全員が覚りを開くまで、私は決して覚りを開かない」と誓いを立てることや、「自ら進んで地獄に赴き、苦しんでいる衆生（生き物）を救うのだ」ということを理想とする考え方も、大乗仏教の中で出てきた。ではこれを踏まえ、ブッダと法然の死後の状況を見ていこう。

安らかな死後のブッダ

葬儀の方法には土葬・水葬・風葬・火葬などがあるが、ブッダは火葬された。火葬されれば、遺骨が残る。クシナガラで入滅され、また自分たちの手で荼毘に付したので、クシナガラの人々はブッダの遺骨を独占して祀ろうとした。

しかし、ブッダの教えに浴した人々は広い地域にまたがっていたので、彼らもブッダの遺骨を所望し、各地から八人の国王がクシナガラに集まり、一触即発の状態だった。そこにいたドローナというバラモンが調停に入り、遺骨（舎利《しゃり》）を八分することで事態は鎮まった。これを「舎利八分」と言う。

そして国王たちは遺骨を自分の国に持ち帰り、ストゥーパ（塔）を建立して、その中に遺骨を安置した。形は土を半円球状に盛り上げた塚のようなものだが、これがブッダの死後、仏教信者の信仰の対象となった。「ストゥーパ」は漢字で音写されると、「卒塔《そと》婆《ば》」「塔婆」「塔」などと訳される。

塔と言えば、日本では三重塔や五重塔といった高層建築物を想起するが、その起源をたどると、土饅頭のような塚に行き着く。つまり、塔とはブッダの墓である。輪廻を前提とするインドの宗教に、墓は必要ない。なぜなら、死後、魂は別の肉体に宿って存在しているので、骸《むくろ》はただの物質にすぎないからである。ではどうして、ブッダに塔という墓が建立されたのかというと、それがブッダの〈最後生《さいごしょう》〉だったからだ。

教法は別にして、輪廻から解脱したブッダが遺した最後のモノ（物質）、それは遺骨のみ。それがブッダ亡き後の仏教徒にとって、最後の物質的〈よすが〉となる。

多難な死後の法然

臨終に際し、法然もブッダ同様、頭北面西で横臥すると、『観無量寿経』を称えながら、建暦二（一二一二）年正月二五日、静かに八〇年の生涯に幕を閉じた。生前、法然は遺言で、自分が死んでも法要などせぬよう弟子たちに伝えていたが、最長老の弟子である法蓮房信空は法然の言いつけを破り、仏事の挙行を主張すると、大勢の人々がそれに従った。

法然の遺骸は大谷の禅房の東岸に埋葬され、御廟《ごびょう》が建立された。正月二五日の祥月命日と毎月二五日の月命日には、多くの参拝者が詣でたようだが、それも束の間、嘉禄三（一二二七）年になると、人気を博し、着実に信者を増やす専修念仏の教えを快く思わなかった延暦寺の僧たちが実際の弾圧行動に出た。これが「嘉禄の法難」であり、大谷の御廟を破壊しようとしたのである。

しかし、弟子の信空や覚阿弥陀仏等のとりなしにより、法然の遺骸は嵯峨に運び込まれた。しかしなおも、延暦寺の僧たちは法然の遺骸を探し求めていることが判明したので、同年六月二八日の夜、遺骸は太秦《うずまさ》にある広隆寺《こうりゅうじ》に移され、さらに翌年の正月二五日、すなわち法然の一七回忌に、遺骸は西山の粟生野《あおの》にいた幸阿弥陀仏《こうあみだぶつ》のもとに移されて、ようやく荼毘に付されたのであった。

ブッダの場合、舎利は八分されたが、法然の舎利（遺骨）は粟生野の念仏三昧院《ねんぶつざんまいいん》（現在の粟生《あおう》光明寺《こうみょうじ》）と二尊院、そして知恩院御廟に納められた。

さまざまな涅槃の見方

涅槃とは、蠟燭の火が消えた状態を指すとも言われる。煩悩という火が消えた寂静の状態である。初期の仏教では、この涅槃を有余涅槃《うよねはん》と無余涅槃《むよねはん》の二つに分けた。

「余」とは「肉体の残余」の意味で、有余涅槃とは「肉体の残余がある涅槃」すなわち、ブッダが覚りを開いてから入滅するまでの涅槃、〈心の涅槃〉とも表現できる。心は解脱しているが、まだ肉体が残っているので、様々な制約を受ける状態である。

無余涅槃とは、ブッダの入滅以降を指す涅槃である。死んで肉体の制約からも自由になった状態、つまり〈身心両方の涅槃〉のことで、これが初期の仏教徒の理想とされた。

ところが自利即利他を標榜する大乗になると、違った涅槃が理想とされる。それを無《む》住処涅槃《じゅうしょねはん》と言う。覚った人には智慧があるので、生死（迷い）の世界に住することはないが、慈悲もあるので、涅槃（覚り）の世界に住することもない、というわけで無住処涅槃、つまりどちらか一方に留まることがない涅槃を理想とした。

浄土教も大乗仏教の支流なので、極楽に往生して覚りを開くことが最終ゴールではない。善導の「発願文《ほつがんもん》」に「かの国に至り終わって、六神通《ろくじんつう》を得て、十方界に還って苦の衆生を救摂《くしょう》せん」とあるように、覚りの世界から再びこの世界に戻って、苦しむ衆生を救済するのが最終ゴールである。

極楽往生だけでは、智慧を獲得する道半ばの状態。智慧を獲得した後は、慈悲に基づいて利他行を完遂して、ようやく本来の目的が達成されるのである。

第四章　魅力の根源を探る

ブッダ「自分を愚者と思う者は、それによってすでに賢者なり。愚者でありながら、自分を賢者と思う者こそ真の愚者なり」『ダンマパダ』

法　然「現世をすぐべき様は、念仏を申されん様にすぐべし」『禅勝房伝説の詞』

はじめてみたつる思想

「学問ははじめてみたつるはきわめて大事なり。師の説を伝習はやすきなり（学問では独創性が大事である。師匠の教えをそのまま伝承することは簡単だ）」とは法然の言葉である。専修念仏・念仏往生という革新的な思想を標榜した法然ならではの言葉であり、説得力があるが、研究者にもこれは重要だ。

先人と同じことを主張するだけでは、研究の名に値しない。学問・研究には独創性が求められる。しかも、わざと奇をてらって新しいことを言うのはそれほど難しくないが、そこに論理と実証に裏打ちされた普遍性を付与するのは至難の業である。

ブッダも法然も研究者ではなかったが、二人とも独創的な宗教を打ち立て、またそこに普遍性が見出されたからこそ、その名を現在にまで留めている。二人とも従来の価値観を根底から覆し、わざとではなく、結果として当時の流れ（価値観）に逆らうことになった。パラダイムをシフトさせたのである。

日本の仏教は、その当初から国家権力と結びつき、国家が仏教を統制していたので、法然が打ち立てた思想は、国家あるいは旧仏教側からみれば〈異端〉と映り、格好の弾圧の標的になった。では、二人が結晶化した教えは、従来の教えと具体的に何がどう違っていたのか。換言すれば、どのように従来の流れに逆らったのだろうか。

バラモン教に逆らったブッダ

インドの正統宗教はバラモン教だが、その特徴としてまず指摘すべきは、〈多神教〉である。生活と関わりの深い自然の中に神性を複数認め、それらを神として崇拝する。たとえば太陽（スーリヤ）や雨（ヴァルシャ）、火（アグニ）や風（ヴァーユ）など。

第二の特徴は〈祭祀（宗教儀礼）〉である。祭祀を通じて神々を喜ばせることができれば、その見返りに現実的な生活上の幸福（長寿・健康・豊作）などが期待できる。その祭祀を一手に引き受けるのが司祭者のバラモンだが、そのバラモンの身分を保障するのが、三つ目の特徴である〈カースト制度〉。バラモンを頂点とし、〈生まれ〉によって人間の価値を決める身分制度のことである。

この〈多神教〉〈祭祀〉〈カースト制度〉がバラモン教の三本柱なのだが、ブッダはこの三つをすべて否定する。まずは〈多神教〉。そもそもブッダは神の存在自体に価値を置かなかった。バラモン教で神は人間の幸不幸を左右する重要な存在だが、幸不幸を決定するのは人間の〈心〉であり、神はそれに関与しないとブッダは考えた。

次に〈祭祀〉。祭祀には生贄《いけにえ》を捧げる供犠《くぎ》（ヤジュニャ）も含まれるが、仏教は不殺生を掲げるので、殺生を伴う祭祀を否定した。代わりに、仏教は供養（プージャー）を説く。これは花や香や灯明を仏に捧げることである。

最後に〈カースト制度〉。これは人間の価値を〈生まれ〉に置く制度だが、人間の価値は〈生まれ〉ではなく、〈行い（行為）〉によって決まるとブッダは考えた。ブッダ在世当時の仏教教団には、奴隷階級（シュードラ）の出身者もいたことがわかっており、当時の教団はすべての人間に開かれていた。

このように、ブッダの教えはことごとくインドの正統宗教の流れに逆らっており、それだけに古代のインドでブッダの教えがいかに新鮮に受け止められたかがわかる。

旧仏教に逆らった法然

法然も旧仏教の価値観や当時の常識の逆を行った。法然の立場は、念仏往生あるいは専修念仏だ。「南無阿弥陀仏」と称えることで極楽往生できるというシンプルな教えである。これは絶対的価値を持つので、他の行は第二次的なものに格下げされる。

まずは観想念仏。当時、念仏には観想念仏（仏の具体的姿形を思い浮かべる）と口称念仏（南無阿弥陀仏と声に出して称える）の二つの流れがあり、口称念仏よりも観想念仏の方が難しく、高度な行だった。口称念仏は仏教修行の初級者向け、観想念仏は上級者向け、といったところか。それを法然は見事にひっくり返し、口称念仏こそ阿弥陀仏の意思にかなった念仏であるとして、観想念仏を退けた。

臨終来迎《りんじゅうらいこう》も、従来は臨終の際に正念（心の平静）を保って念仏すれば、阿弥陀仏が来迎すると考えられていたが、法然はこれを逆転させ、阿弥陀仏が来迎するからこそ、正念を保って念仏できるのだと、当時の常識を逆転させた。

また当時は、臨終に際し、善知識《ぜんちしき》（臨終時に正念であることを助ける指導者）が往生の仲介をすることもあったが、法然はこれも否定する。念仏で往生できるのであるから、臨終者は阿弥陀仏と直接つながるので、その中間に善知識という仲介者は必要ないというわけだ。

法然は旧仏教の流れに逆らったのみならず、日本固有の神道的な禁忌にも、結果として逆らうことになった。『一百四十五箇条問答《いっぴゃくしじゅうごかじょうもんどう》』には、念仏往生を盾に、次々と日本固有の迷信や因襲を否定する法然の姿が垣間見られる。

法然は旧来の仏教の常識や土着の宗教である神道的禁忌を打ち破り、念仏往生という宗教的価値を絶対化したが、ここまで徹底したのは、日本の宗教史上、法然がはじめてであり、まさに法然は旧来の思想の流れにことごとく逆らったのである。

自己の体験から

「流れに逆らう」というテーマで論じてきたが、同じ流れに逆らっても、あらゆる宗教に寛容なインドと、国家が宗教を厳しく統制する日本では、「流れに逆らう」ことの意味が異なる。よって、ここでは法然に焦点を絞って話を進めたい。

「流れに逆らう」とは、具体的にどういうことか。それを知るには、実際に体験してみるのが一番だ。私の体験から、それを報告しよう。息子たちがまだ小さかった夏休み、家族で大阪の枚方市にあるひらかたパークのプールに行った。そこには「流れるプール」があり、浮き輪につかまって浮かんでいれば、水流で自然に身体を運んでくれる。

天邪鬼《あまのじゃく》な私は、流れに逆らって歩いてみた。すると、どうなるか。一つは、流れに逆らって進むので、ずいぶん負荷がかかり、前に進むのが容易でなくなる。法然の仏教は結果として事あるごとに旧仏教と衝突したので、念仏の弘通にあたっては、相当な負荷（逆流）を感じたに違いない。

もう一つの気づき、それは〈人目につく〉ということである。逆流しているのは私だけなので、すれ違う人々は私を奇異な目で見ていく。〈人々の目に晒《さら》される〉わけだ。流れに逆らえば、すべての人と目が合い、しかも変人として見られてしまう。

この私の体験と法然の体験を同一視するのは憚《はばか》られるが、法然の教えはことごとく当時の常識や価値観に逆らっていたので、法然の一挙手一投足、法然の一言一句が、ことごとく世間の目に晒され、批判・糾弾の対象となったと考えられるのである。

＊

倫理と宗教

宗教と倫理の関係は難しいが、ここでは、宗教は倫理を含み、かつその倫理から漏れる人のセーフティネットとして宗教は機能すると理解しておく。悪いと分かっていても悪を犯さなければ生きていけない人々を救済するのが宗教だとすれば、どの宗教も人間の平等性を追求していると言えよう。

倫理の領域には善人の居場所しかないが、宗教という世界では善人も悪人も同様に居場所が約束されていると言えるし、場合によっては、むしろ悪人や弱者の方に、より広い居場所が確保されていそうだ。

大乗仏教の流れをくむ浄土教には、とくにこの傾向が顕著であり、日本では悪人こそが阿弥陀仏の救済の対象であるという考え方にまで発展した。悪人こそが救われるという「悪人正機説」は親鸞の言葉として有名だが、これは本来、法然の言葉である。

この浄土教に近いのがキリスト教である。浄土教では人間を罪悪生死の〈凡夫〈悪人〉〉ととらえるが、キリスト教も人間すべてを〈罪人〈悪人〉〉ととらえる。そして聖書に「わたしが来たのは、正しき人ではなく、悪人を招くためである」とあるように、浄土教と同様の発想が見られる。

このように、善人も悪人も含めて人間すべてを平等ととらえる視点を具えている宗教は、「誰もが救われる」という平等性を追求する。普遍性や平等性を追求する宗教ほど、より広い人々に信仰されているが、仏教やキリスト教はその典型と言えよう。

平等性を追求するブッダ

生まれによって人間の価値が決まるという制度は、身分の高い人には好都合だが、そうでない人には不合理きわまりない。生まれによってすべてが決定されるなら、生まれてからの努力自体が否定されることになるからだ。

あるとき、二人の男が人間の価値について論争を始めた。一人は「人間の価値を決めるのは〈生まれ〉だ」、片方は「人間の価値を決めるのは〈行い〉だ」と言い張り、互いに譲らない。前者は伝統的なバラモン教の教えに則った主張であり、これが当時の社会通念だったが、決着をつけるために、二人はブッダのもとを訪れる。

二人はブッダに論争の経緯を説明し、どちらの意見が正しいか、ブッダの裁定を仰いだ。合理的な考えをするブッダは、もちろん「人間の価値は〈生まれ〉ではなく、〈行い〉によって決まる」と答えた。現代において、この答えはあまりに自明だが、カースト制度が社会常識・社会通念だった紀元前五世紀の古代インドにおいて、このブッダの答えは斬新かつ新鮮に響いたに違いない。

日本でも「氏か育ちか」という議論がある。人間の価値は生まれながらに決まっているのか、あるいは生まれてからの努力によって決まるのかという問題だ。現代のインドでも、まだカーストという因習は根強く残っている。現代においてもこうであるから、当時のカーストの桎梏は相当なものであっただろうし、だからこそブッダの宣言は画期的だったのである。

平等性を追求する法然

法然の基本姿勢は、末法という時代（時）と、その時代に生きる人の能力（機）にピッタリあった〈時機相応〉の教えの摸索である。修行しても覚りが開けない末法という時代に、誰でもが実践可能で皆が平等に救われる教えは何かを徹底的に追求した。そこでたどり着いたのが、南無阿弥陀仏と口で称えるだけで極楽に往生できるという念仏往生の道であった。

一部の金持ちや宗教的エリートだけが覚りを開いたり、救済されるような教えに普遍性はない。誰もが実践できるには〈易行〉、すなわち実践しやすいことが何より重要だが、その方法で救済されることが仏によって保証されていることがさらに重要である。簡単な方法はあるが、称名念仏は実践しやすく、かつ阿弥陀仏の本願によってお墨付（保証書付）を得た行であった。これを法然の言葉で確認する。

「仏像を造ったり塔を建立することが往生の条件なら、貧しい者は救いから漏れてしまうが、富める者は少なく、貧しい者は非常に多い。智慧や優れた才能のあることが往生の条件なら、智慧や才能のない者は救いから漏れてしまうが、智慧者は少なく、愚者は非常に多い。（中略）戒律をたもつことが往生の条件なら、戒律のたもてない者は救いから漏れてしまうが、戒律をたもてる者は少なく、たもてない者は非常に多い。（中略）だから阿弥陀仏は法蔵菩薩であったとき、平等の慈悲に催されて、すべての人々を遍く救済するために、仏像を造ったり塔を建立することを往生の条件とはせず、ただ称名念仏の一行をもって往生の条件とされたのである」（『選択集』第三章）

人間すべて「凡夫（悪人）」として平等であり、「阿弥陀仏よ、助けて下さい」と申す念仏に優劣などないというのが法然の立場なのである。

性善説と性悪説

人間の本性は善か悪か。中国では孟子《もうし》が性善説を唱え、荀子《じゅんし》は性悪説を唱えた。実際の人間を単純にどちらかに分類することはできないし、善悪両方の性質を備えているのが現実の人間だが、基本的に仏教は性善説の立場を取る。「誰でも覚ることができる」と仏教は説くからだ。

覚りの扉はすべての人に対して開かれている。大乗仏教になると、この考え方は〈仏性《ぶっしょう》〉あるいは〈如来蔵《にょらいぞう》〉という思想に結実した。〈仏性〉とは「仏になる可能性」の意味で、誰でも覚りを開く（仏になる）可能性を持っているという考え方である。〈如来蔵〉とは「如来（＝仏）の可能性を人は胎内に蔵している」、あるいは「人は如来（＝仏）の胎内に蔵されている」の意で、意味するところは〈仏性〉と同じ。もちろん、人によって覚りに到達する時間に差はあるが、修行を積めば、誰でもいつかは必ず仏になれるというのが仏教の基本立場である。

とくに日本の浄土教は、人間を罪悪生死の凡夫ととらえ、自力では覚りを開けないと説くので性悪説的色彩が濃いが、誰でも念仏で極楽に往生し、そこで修行して仏になると説くので、まったくの性悪説ではなく、根本にあるのは性善説と考えてよい。

＊

以春風接人・以秋霜自粛

「春風《しゅんぷう》をもって人に接し、秋霜《しゅうそう》をもって自ら粛《つつし》む」とは、江戸時代末期の儒学者・佐藤《さとう》一斎《いっさい》の残した言葉である。簡単に言えば、「人には優しく、自分には厳しく」ということになろうか。名言だが、実行するのは難しい。

ブッダや法然の生き方を見ていると、他者に対する優しい眼差しとは裏腹に、自己に対しては徹底的に厳しく、一切の妥協を許さない姿勢が見られる。哲学者は常識を根底から疑い、ある事柄について、自分に納得のいく答えが見出せるまで、論理的かつ実証的に言語を駆使して徹底的に究明し、妥協することがない。

ブッダも法然も、自分が掲げた問題と正面から対峙し、中途半端な答えに満足せず、徹底的に答えを見出そうとする、己に対する厳しい態度からすると、哲学者の素養を充分に持ちあわせていたと言える。あくまで二人は宗教家であり、単なる哲学者ではないが、しかしこのような態度は宗教家にも必要だと言えるだろう。

六年苦行したブッダ

生まれて間もなく生母と死別したブッダは、物質的には何不自由のない生活を送っていたが、幼少期より世俗的栄華には目もくれず、世の無常や人生の意味について心を悩ませていた。

本当に大切なものは何かを、ブッダはとことん考え抜いたのである。優先すべきは、世俗的な栄華か、あるいは真実の幸せか。両者を天秤にかけたとき、ブッダの答えは明白であった。物質的には恵まれていても、本当に自分が求めているものに目をつぶり、自分をごまかして生きていたとしたら、死ぬときにきっと後悔すると考えたのである。

こうしてブッダは王国を捨てて出家し、修行の道に身を投じた。しかし、出家して心が軽くなったわけではない。いや、今まで以上に苦しい荊の道を歩むことになった。二人の師匠について修行しても、自分が期待する結果は得られないし、最後は誰にも頼ることなく、自分一人で道なき道を進むことになる。

苦行に身を投じること六年、なおも結果はでない。断食の行を続けるブッダは骨と皮と筋だけになり、死人のように見えたと仏典は伝えている。まさに命がけの修行だ。成道直前の「悪魔の誘惑」で比喩的に表現されていたように、一度は修行をあきらめかけるも、自分の弱い心に打ち勝ち、修行の続行を決めたのであった。

死の領域に片足をつっこみながらも、起死回生の成道で、見事に生還を果たしたブッダ。死を覚悟した人間だけが持ちえる〈己への厳しさ〉ではないだろうか。覚りを開いた後も、気持ちを緩めることなく、四五年間、死ぬまで遊行の生活を貫き、説法して多くの人々を救済したのであった。

二五年間の引きこもりと持戒にこだわった法然

法然も〈自己に対する厳しさ〉を貫いた宗教家であった。まず注目すべきは、一八歳から四三歳までの二五年間、黒谷に引きこもっていたことに注目しよう。出家した法然は、ある意味では俗人以上に俗っぽい出家者の世界にも交わることなく遁世し、黒谷の山深き経蔵にこもって、自分の求める仏教をとことん追求した。

自分のような人間にぴったりあう教えに出会えないことを深く嘆き悲しみ、ブッダ同様、絶望の淵を彷徨《さまよ》っていた法然は、四三歳にしてようやく善導の『観経疏』の一節に巡り会い、回心した。その間、心を折ることも翻《ひるがえ》すこともなく、あくまで自分の気持ちに正直に道を求め続けたことになる。

また法然の〈自己に対する厳しさ〉は、回心後にも見られる。法然は一日に六万遍の日課念仏を課したが、常人ではとうてい実践できるものではない。

次に持戒《じかい》の問題。念仏往生を旨とする法然や浄土宗にとって、念仏と持戒の問題は大きなテーマである。念仏で往生できるのなら、法然自身はどうして持戒にこだわったのか。法然は「三学非器」と言いながら、厳密な持戒者でもあり、「持戒清浄《じかいしょうじょう》」とまで評されているからである。

私は「現世をすぐべき様は、念仏を申されん様にすぐべし」という法然の言葉の中にその答えを求めたい。これは、弟子の禅勝房《ぜんしょうぼう》が「後生は阿弥陀仏の本願にお願いしたので往生は疑いありませんが、現世ではどのように過ごせばよいでしょうか」という問いに対する答えとして語ったものである。

「現世の過ごし方は、念仏が申されるように過ごしなさい。念仏の妨げになるなら、それは捨て去りなさい」という言葉。つまり、すべてにおいて念仏が最優先されるという趣旨だが、妻帯が念仏の妨げにならないと判断したからこそ、親鸞は妻帯した。

法然が持戒にこだわったのは、持戒している方が念仏を称えやすかったのではないか。

つまり、戒律を保たない生活は念仏の妨げになると法然は判断したのではないかと私は推察する。念仏最優先の結果が、法然にとっては持戒の生活だったというわけだ。

自律から自立へ

ブッダも法然も〈己に対する厳しさ〉という点で共通し、自分に妥協することなく、自らを厳しく律して生ききったことがわかる。〈自律〉の反対は〈他律〉だが、他律とは「自らの意志によらず、他からの命令、強制によって行動すること」であり、これは言われたとおりにしていればいいので簡単だ。

「戒律」とまとめて言う場合もあるが、本来〈戒〉と〈律〉は別ものである。〈戒〉とは道徳であり、それを破っても罰則はなく、あくまで自分が自発的に守るものだ。一方、〈律〉は法律であり、教団組織を円滑に運営するため、破れば罰則がある。ブッダも法然も、強制ではなく、あくまで自発的な意志に基づいて自らを律した生活をした。

そして、その〈自律〉の生活のさきに〈自立〉の生活があった。〈自立〉の反対は〈依存〉だが、ブッダも法然もそれぞれ独自の境地を体験することで、誰に依存することなく、仏教や浄土宗という、それまでになかった独自の宗教や宗派を立てて自立した。

仏教や浄土宗という〈自立〉の背後には、それぞれブッダや法然の〈自己に対する厳しさ〉に基づく不断の〈自律〉の生活があったと言えよう。

*

四種類の人間

ブッダと法然の〈自己に対する厳しさ〉を取りあげたので、今回はそれと逆の〈他者に対する優しさ〉について考える。自己と他者、厳しさと優しさ、この四項目の組み合わせで、人間を四種類に類型化してみよう。

「自己に優しく、他者にも優しい人」と「自己に厳しく、他者にも厳しい人」は、自己にも他者にも同じ態度で接しているので、首尾一貫しており、問題ない。やっかいなのが「自己に優しく、他者には厳しい人」。逆に「自己に厳しく、他者には優しい人」は万人に好かれる。ブッダも法然も、そのような人ではなかったか。そこが二人の人間的魅力と考えられる。

マザー・テレサも、このタイプの人である。インドの貧民街に飛び込み、自らは清貧の生活を実践しながらも、身よりなく死んでいく人たちを施設に引き取り、最後まで尊厳を持った一人の人間として彼らに接し、他のシスターたちと一緒になって優しい眼差しを注ぎ続ける姿は、宗教の枠を超えて人々の心を打つ。

ブッダの優しさ

人間の優しさは、普通の人々に対してよりも、弱い立場にある人に対する方が、より際立つ。まずはシュローナという仏弟子。彼は「お坊ちゃま」であり、誕生以来どこに行くにも誰かが彼を運んだため、自分で歩いたことがなかった。その彼がブッダの説法を聞いて出家を決意したが、出家者になると、食を得るためには托鉢《たくはつ》して、在家信者の家を一軒一軒歩いて回らなければならない。

教団の規則では、草履《ぞうり》を履くことが許されていなかったので、シュローナは、托鉢のたびに足の裏が血まみれになった。それを知ったブッダはシュローナを呼び、彼には草履を履くことを許可した（これ以降、草履を履くことが全員に許可される）。規則を一律に適用せず、人を見て個別にアドバイスするブッダの優しさがうかがわれる。

次は、パンタカという弟子のエピソード。パンタカ兄弟は出家し仏弟子となったが、聡明な兄とは違い、弟は愚鈍《ぐどん》で経文の一句すら覚えられない始末。兄に叱責されて失意のどん底にあったパンタカ弟にブッダは近づき、「お前は『私は塵を払う。私は垢を払う』と唱えながら、先輩たちの草履を掃除しなさい」と優しく告げた。

彼はブッダの指示どおりに実践しているうちに、〈「塵を払う。垢を払う」とは草履の塵や垢のことではない。自分の心の塵や垢を払うということだ〉と閃《ひらめ》く。こうして、彼も修行が進み、ついに覚りを開いた。ブッダは愚者をも見捨てることはない。

最後は、在家信者のチュンダ。ブッダが亡くなったのは彼が供養した食事が原因だったが、亡くなる少し前、ブッダは食中毒で苦しんでいるにもかかわらず、チュンダのことを心配していた。人は「お前が差し出した食事が原因でブッダは亡くなられたのだぞ」とチュンダを非難するに違いないからだ。

そこでブッダは、チュンダに対する伝言を仏弟子アーナンダに託した。「お前には大きな功徳がある。なぜなら、お前の供養によって、如来（ブッダ）は無余涅槃に入ったからだ」と。このような態度にも、ブッダの優しい気配りが感じられる。

法然の優しさ

法然は生涯、独身を貫いた。「持戒清浄」が法然の形容句なら、「肉食妻帯《にくじきさいたい》」はその弟子・親鸞の形容句であり、師弟の関係にありながら好対照である。法然自身は妻帯しなかったが、親鸞は堂々と妻帯を宣言する。陰でこそこそと女性と関係を持つ僧侶も多かった当時の状況に鑑《かんが》みると、親鸞の姿は潔い。

さてこの潔さだが、その背景には師匠である法然の「現世をすぐべき様は、念仏を申されん様にすぐべし」という考え方があったことも大きな要因であろう。この後、「念仏のさまたげになりぬべくは、なになりともよろずをいとすてて、これをとどむべし。いわく、ひじりで申されずば、妻《め》をもうけて申すべし。妻をもうけて申されずば、ひじりにて申すべし」と続く。

自らは持戒者として独身を貫いたが、だからといって他者にそれを強要することはない。〈自己に厳しく、他者にも厳しい人〉なら、「私が独身を貫いているのだから、お前もそうせよ」と言うところだが、法然は〈自己に厳しく、他者には優しい人〉なので、自分の行いを他者に強制することがない。要は念仏を称えるかどうか。独身や妻帯など、生活のスタイルは問題にならないというのが法然の一貫した立場である。

つづいて再び『一百四十五箇条問答』から、法然の〈他者に対する優しさ〉を確認する。まずは身近な問題から。「酒を飲むのは罪ですか」という問いに対し、「飲まぬ方がよいが、この世の習いゆえ」と答える。法然自身は飲酒しなかったが、人にはそれを強制しない。酒を飲む飲まないより重要なのは、念仏を申すか申さぬか、である。

次に当時の禁忌について。「妻と夫が一緒に経を読む前は、入浴して身を清めるべきですか」との問いに、「経を読む場合はそうした方がよいが、念仏を称える場合は気にしなくてよい」と答える。世間の風習には気を配りながらも、念仏を申すか申さぬかは問題ないという法然の言葉。ここでも禁忌以上に重要なのは、念仏を申すか申さぬか。徹底している。専修念仏への厳しさは保ちつつも、庶民目線の優しさが感じられる。

慈悲の発露

これは、自分も他者と同じ弱さを持つ人間であり、だからこそ他者の弱さに自己の弱さを重ね、自分も他者も同じように幸せになりたいと切に願う人のみが醸《かも》し出せる優しさである。長年にわたる苦悩との格闘や深い人間洞察から熟成された本物の優しさだ。

「実るほど　頭《こうべ》を垂れる　稲穂《いなほ》かな」という句がある。偉くなればなるほど、人間は謙虚さを失い、人に対しては高圧的にふるまうのが普通だが、ブッダと法然は違っていた。

研鑽を積み、思考を極め、体験を深めれば深めるほど、二人の優しさには磨きがかかり、より深い優しさで周囲の人間を包摂していく。

仏教でキリスト教の〈愛〉に相当するものは、〈慈悲〉であるが、本来は〈慈〉と〈悲〉に分ける。ある仏典は、〈慈〉は「与楽《よらく》（他者に楽を与えること）」、〈悲〉は「抜苦《ばっく》（他者の苦を抜き去ること）」と説明する。〈慈悲〉とは、「他者の喜びを我が喜びとし、他者の悲しみを我が悲しみとする気持ち」、あるいは「喜ぶ人と一緒になって喜び、悲しむ人に寄り添って共に悲しむ気持ち」とも表現できる。

ブッダや法然の他者に対する態度は、まさに慈悲の発露《はつろ》そのものと言えよう。

＊

権威主義者

権威とは何か。辞書は、「他者を服従させる威力」と説明する。また権威を絶対的なものとして重視する考え方、あるいは権威に無批判に服従する態度を「権威主義」と言い、そのような態度を取る人を「権威主義者」と呼ぶ。周囲の人間がある人に対して権威を感じているだけであれば問題ないが、当人がそれを強く意識し、何らかの権威を笠に着て周囲の人間を自分に従わせようとすれば、これは相当に厄介だ。

組織の長になった途端、かつては善良だった人が豹変したように悪くなるという話も聞く。なぜか。それは〈自己の相対化〉ができなくなるからだ。自分の上に上司や先輩がいれば、自ずと自分という存在を相対化できるが、組織の長となれば、自分の上には誰もいなくなるので、〈自己の絶対化〉という悪魔の誘惑が待ち構えている。

ブッダや法然は、誰よりも思考を極め、誰よりも体験を深化させ、周囲からは一目おかれる存在として認知され、また仏教や浄土宗という新たな組織の長となり、弟子たちからは追慕《ついぼ》されたので、学識・知力・人柄など権威とする材料には事欠かず、権威主義者になるための絶好の環境が整っていた。しかし、ブッダも法然も権威主義者になることはなく、むしろ常人以上に〈自己の相対化〉を成し遂げた。

我が教えは捨てよ

ブッダの〈自己の相対化〉に関する事例はいくつかあり、すでに本書内で取りあげたものもあるので、まずはそこから整理していこう。

最後の旅でブッダが重病を患ったとき、弟子のアーナンダがブッダ亡き後の仏教徒のあり方を問うと、ブッダは「自灯明法灯明」と答えた。「自分が死んでも、真実の自己と真理とを拠り処にして生活せよ」というブッダの言葉。そこに「我」は一切ない。

権威主義者の教祖なら、「私の死後、私の像を建立して毎日崇拝せよ」とか、「私が遺した教えは絶対だ。一言一句、疎かにするな」といかにも言いそうだ。しかし、ブッダの答えで、残された仏教徒が拠り所とすべきは、「真実の自己」と「普遍の真理」の二つである。見事に〈我〉を消し去っている。

また臨終直前、最後の質問を受けるとき、弟子たちに対して「先生にではなく、友人に対するように質問せよ」と言っていた。弟子たちと同じ目線に立って発言していることがわかる。

以上は既出の事例だが、ここからは新出の事例を紹介しよう。教えを受け入れる際の態度について、ブッダは弟子たちに次のように言う。「書物に書いてあるから、あるいは先生がそう言っているから、という理由で、教えを無批判に受け入れてはならない。自分で吟味し、判断してから受け入れよ」、あるいは「私への尊敬の念から、私の教えを受け入れてはならない。自分で考え、正しいと判断したなら、受け入れよ」と。

ここには、権威主義的なところが一切ない。あくまでも自分の頭で判断せよ、と言っている。逆に言えば、自分の教えに対する自信、そして真理に対する謙虚さがなければ、言えないことであろう。

またこれに関連して、「筏《いかだ》の喩え」も紹介しておく。これは、此岸（迷いの岸）から彼岸（覚りの岸）へ、煩悩の川を渡るのに筏（自分の教え）は必要だが、彼岸に渡れば筏は必要ないという比喩である。覚りを開いて彼岸に渡った者は自分の教えをいさぎよく捨て去るよう、弟子たちに諭している。徹底した〈自己の相対化〉だ。

三学非器

法然の〈自己の相対化〉については、事例が既出のものばかりだが、あらためてくわしく見ていこう。まずは阿波の介の念仏と自分の念仏との同一視である。どちらも「阿弥陀仏よ、助けたまえ」と願って称える念仏に何ら違いはないという法然の見解。阿弥陀仏を前にすれば、人間すべて凡夫として平等であり、いかなる差もないと言う。

次に遺跡。弟子からすれば、偉大な師匠のために、師匠の死後、遺跡を何カ所か定め、それを法然を偲《しの》ぶよすがとしたかったが、法然の答えは「念仏の声する所、みな我が遺跡なり」であった。まったく〈我〉を立てる余地がない。

最後に〈三学非器〉について。法然を形容する言葉はいくつかあるが、〈智慧第一〉もその一つである。比叡山では難解な天台教学を修得し、黒谷に隠棲してからは一切経を五回も読破し、結果として、大原問答では当時の論客たちを次々に論破したわけだから、法然が〈智慧第一の法然房〉と呼ばれても何ら不思議はない。

しかし、その法然が自分のことを「三学非器」と自己評価する。法然は生涯、戒律を遵守して持戒清浄と言われ（戒）、また念仏三昧による宗教体験もあり（定）、さらには周囲から〈智慧第一の法然房〉と評された（慧）にもかかわらず、自らを「三学非器」ととらえている。

周囲の評価と自己の評価とは必ずしも一致しないし、また自己評価も、自己認識が深まれば深まるほど、厳しいものになる。法然の場合、周囲の評価とは裏腹に、自分で自分を評価する際の理想とする基準はきわめて高かった。

仏教は自己を相対化する教え

では最後に、ブッダと法然が自己の相対化を成し遂げられた理由について私見を述べる。ブッダと法然の人間性による部分も大きいが、仏教の教えそのものにも理由があると考える。つまり、「縁起」という仏教の根本思想自体が、〈自己の相対化〉に寄与しているのではないか。

縁起とは、「縁《よ》って起こること」「何かを縁として生起すること」を意味し、世の中のすべては縁起によって成り立っているというのが仏教の世界観である。換言すれば、他者の力を借りずに、それ自身で存在しているものは何もないということにもなる。

紙の裏も表も、単独では存在しえない。裏に支えられて表が、表の力を借りて裏があるのだから、どちらが上位でどちらが下位という〈縦の関係〉ではなく、互いに支えあうという〈横の関係〉になる。

すべてが横に、つまり垂直ではなく水平につながっていくというのが仏教の世界観であり、この縁起の思想が根本にあるので、誰かの上位に誰かが立つという発想は成立しない。というわけで、仏教は〈自己を相対化〉する教えであるとも表現できる。

ただし法然の場合、ブッダの教えには直接トレースできない彼独自の思想も〈自己の相対化〉に一役買っている。それが〈還愚《げんぐ》（愚に還る）〉という考え方である。

もともと無知の状態で生まれてきた人間なのに、学習や教育で少しばかり知識を得たくらいで大きな顔をするようになるが、人間の知識などたかが知れている。それを法然は「還愚」によって否定するのだ。誤解のないように強調しておくが、これは「勉強するな」ではなく、「勉強しても謙虚さを忘れるな」を意味している。

〈三学非器〉にならび、〈愚痴の法然〉も法然の自己評価の言葉だが、これをベースにするかぎり、権威主義的な考えが入り込む余地はない。こうして、ブッダも法然も厳しく自己を相対化し、権威主義者になることなく、常に謙虚な姿勢であったため、時代を超えて人びとから敬愛される存在になったのである。

＊

「0から1」と「1から2」の違い

「0から1」と「1から2」の違いは何か。どちらもその差が〈1〉である点では共通する。その差に注目すれば、両者は確かに同じだが、決定的に違う点がある。それは「1から2」が「有から有」なのに対し、「0から1」は「無から有」という点だ。

登山に喩えると、普通の人はすでに人が通って道ができているところを歩くが、そこは踏みならされているので肉体的にも楽だし、道のさきを見れば進むべき方向がわかるので、精神的にも楽だ。しかし、そこに最初に道をつくる人はどうか。前方に道はないし、地面も踏みならされていないので、歩いていても、それが目的地に向かっているのか不安になる。

つまり、開拓者には想像を絶するエネルギーが必要なのだ。肉体的にも精神的にもきわめて過酷である。しかし、そこに一たび道が形成されれば、後の者はその踏みならされた道を辿るだけで、思い煩うことなく目的地に行ける。「0から1」が道なきところに道をつくる開拓者なのに対し、「1から2」はその追従者という違いがある。

ここでは、ブッダと法然の比較ではなく、法然のみに焦点をしぼって話を進めよう。ブッダについてはこれまでに多くの研究がなされ、また正当に評価もされているが、法然の評価は弟子の親鸞に比べて低すぎるからだ。ただし、私はここで「親鸞よりも法然の方が優れている」という浅はかな議論を展開したいのではなく、法然は法然として正当に評価したいのである。

開拓者としての法然

ここで今までの復習をかね、法然の業績を振り返ってみよう。五三八年に仏教が日本に伝播して以来、仏教は国家の統制下に置かれた。また日本の特殊事情として、当時の出家者は皇族や貴族の政争に敗れたものたちの受け皿として機能し、僧団は俗世から隔絶した世界でありながら、世俗以上に俗っぽい側面を持っていた。

鎮護国家を目的に導入された仏教だったが、平安時代に空海や最澄が現れると、仏教はようやく庶民の側に向かって動き始める。だが、当時の仏教は、神道の禁忌に影響を受けたり、また宗教でありながら道徳的な価値観に縛られ、純粋な宗教性を発揮できない状態が続いていた。その混沌とした平安末期の仏教界に登場したのが法然である。

長い修行と苦悶のすえ、富者や宗教的エリートのためだけの仏教ではなく、貴賤や智慧の深浅を問わず、すべての人々が平等に救われる仏教を模索した結果、法然はついに〈専修念仏〉という、今までにはなかった新たな仏教を樹立した。念仏だけを専ら修めるわけであるから、これは念仏以外の行を否定し、念仏という宗教的価値を絶対化することになる。ここに法然浄土教の歴史的意義がある。

この〈専修念仏〉という道はそれまでの日本にはなかった道であるから、従来の仏教の網から漏れ落ちる悪人や人殺しを生業とする武士たち、また貧困ゆえに物質的な布施をして功徳を積めない貧者たちにとって、無上の癒しとなったに違いない。

一方、法然が晩年に受けた数々の法難や受難の歴史を見れば、いかに当時の南都北嶺の旧仏教徒たちが、法然の教えを嫌悪したかがわかる。この事実は、それほどまでに法然の教えが斬新でインパクトのあったことを意味し、法然が当時の仏教界の開拓者であったことを逆説的に証明している。

追従者・開拓者としての親鸞

今までにはなかった仏教が法然によって開拓されるや、大勢の人々がその教えに惹かれ、法然のもとにやってきた。在家信者に留まる者もあれば、出家した者もあったし、すでに出家していた僧侶も法然の教えにしたがい、念仏行者となったのである。

法然には多くの門弟がいたが、その中でも親鸞はとくに有名である。親鸞は法然より四〇歳も若く、また〈持戒清浄〉で生涯独身を貫いたのが法然なら、〈肉食妻帯〉で子供をもうけたのが親鸞であったが、浄土真宗は当初それほど大きな宗派ではなかった。

しかし現在、規模で言うと、東西の本願寺を合わせて浄土真宗の寺院は二万寺ちかくあり、日本最大の仏教宗派となる。その最大の功績者は、浄土真宗中興の祖とされる蓮如（一四一五～一四九九）であるが、彼は御文《おふみ》（御文章《ごぶんしょう》）とよばれる、信徒に与えた手紙をたくさん作成し、分かりやすく真宗の教えを説くことで、教線拡大に成功した。

また、蓮如は、さびれていた本願寺を一代で復興したり、北陸を中心に大きな勢力を構築するなど、現在の巨大な本願寺集団の礎《いしずえ》を築いたのである。

加えて、蓮如が禁書とした『歎異抄』を再発見した清沢満之《まんし》や、『出家とその弟子』を著して親鸞の晩年の苦悩を描いた倉田百三など、明治時代のエリートたちがこの人間くさい親鸞をこぞって高く評価したこと、さらには浄土宗学者が法然の思想的意義を充分にアピールできなかったことなどにより、相対的に法然の評価は下がってしまった。

しかし、両者の業績に差はあるのだろうか。

最初に、開拓者と追従者の違いについて説明した。〈専修念仏〉という絶対的宗教価値を樹立した法然の道を親鸞も歩んだわけだから、法然が開拓者であり、親鸞は追従者ということになる。

確かに親鸞は法然が拓いた道を歩んだが、ただそれに随順したわけではない。途中で親鸞は法然がつくった道から逸れ、彼独自の道を新たに開拓した。親鸞は口称より信心を重視した。したがって、往生は死後のことだが、信心が確定した時点で往生は確定すると親鸞は考えたのである。

つまり親鸞は法然の追従者でありながら、そこから袂《たもと》を分かち、新たな道を切り開いたという点で開拓者でもある。単純に数値化できないが、わかりやすくするために、これを道に喩えてみよう。

法然は道なきところに道をつけ、一キロ進んだ。親鸞はその舗装された道を一キロ進み、さらにそこから新たな道をつけて一キロ進んだ。最初の道の起点から進んだ距離は、法然が一キロ、親鸞が二キロである。これを以て、親鸞の方が法然よりも二倍偉いと言えるだろうか。

法然と親鸞

最近では、大リーグでプレーする日本人のプロ野球選手が目立つ。ダルビッシュや田中将大、そしてイチロー。しかし、今日の状況をつくった先駆者は野茂英雄であり、彼が本格的に道をつけたのだ。だから、後輩たちは野茂が舗装した道をたどり、野茂と同じ苦労をしなくてもアメリカに行けるようになった。

成績だけで、日本人大リーガーを評価すれば、現時点で野茂以上に活躍している日本人選手はいるし、これからもそのような選手が現れるだろう。だが、結果としての成績だけで、彼らを評価できるだろうか。当時、大リーグ挑戦に対して酷いバッシングを受けながらも、道なきところに道をつけ、何もかもが初めての状況でアメリカにわたった野茂英雄こそ、パイオニアとして評価したい。

サッカー界では、中田英寿が野茂英雄と同じ位置にいる。彼が現在に至る道をつけ、ヨーロッパチームに移籍したことで、今では当たり前のように日本人選手がヨーロッパに行けるようになった。自分で道をつくるのは、想像以上に大変な作業なのだ。結果としての成績だけでなく、目には見えにくいプロセスにも注目すべきである。

法然も親鸞も日本人に愛された宗教家であり、どちらが優れているということ自体がナンセンスである。それぞれ生きた時代や背負った課題は違うが、両者とも自分に課せられた使命を果たしたという点では共通しており、それぞれに個性を放つ宗教家だったと思うが、〈開拓者〉という法然の側面はもっと評価されてしかるべきだろう。

第五章　生ききること、死にきること

ブッダ「過去を追うな。未来を願うな。（中略）今日なすべきことを熱心になせ」『マッジマニカーヤ』

法　然「阿弥陀仏《あみたぶ》と　十声《とこえ》称えて　まどろまん　永き眠りに　なりもこそすれ」『和語灯録』

不退転の決意

最後に、「生ききること、死にきること」という視点から二人の生涯を再度ふり返って総括し、それを踏まえて仏教という宗教の特徴について考えてみたい。

死にきるためには、生ききることが前提となることはすでに指摘した。では二人にとって、生ききるためには何が必要だったのだろうか。まず言えることは、人生に妥協があってはならないという点であろう。言葉を換えれば、「とことん極める」という姿勢である。

ブッダは、生・老・病・死という人生の根本苦を解決するために、妻子を捨てて二九歳で出家し、覚りを開くまで六年間、苦行に身を投じた。妻子を捨てたことについては批判もあろうが、ブッダはそこまで追い詰められていたのであり、自己の苦しみと正面から対峙し、最終的に出家という行動に出た。

そして苦行に身を投じたブッダは断食や絶食を断行し、骨に皮膚が辛うじてへばりついている状態になるまでやせ細っていたのであり、それを目にした者たちは、もはやブッダは死んだとさえ思うほどであった。

一方、法然は愚かな自分でも救われる道をとことん追求し、一八歳から四三歳で回心するまでの二五年間、比叡山の中でもさらに奥深い黒谷に引き籠もり、一切経を五回読むまでして、自分が納得できる教えを探し求めた。

二五年と言えば、四半世紀であり、法然の全人生の三分の一ほどに相当する長さである。彼は自分の人生の三分の一を費やしてまで、ひたすらに道を求め続けた。それを考えると、二五年という時間の長さが、また違った意味を帯びて立ち上がってくる。

二人とも壮絶と言えるまでの執念を燃やし、毫《ごう》も妥協することなく自ら求めるものが手に入るまで、あるいは一〇〇パーセント納得できるまで、道を求めた。目的を達成する前から二人は人生を完全燃焼して生ききっており、死にきるための条件をすでに満たしていたと言えるのではないか。「絶対に後退はしない」という〈不退転《ふたいてん》の決意（あるいは執念）〉のようなものを、私は二人の生き方に感じるのである。

真空から妙有へ

次に両者に共通しているのが、絶望克服の体験である。絶望を感じることは珍しくないが、その絶望を克服することは難しい。さきほど指摘した不退転の決意があったればこそ、絶望を経験しても克服できたと考えられるが、このような体験は、偉業を成し遂げた人間に共通しているのではないか。

その道の成功者が脚光を浴びるとき、我々はその光の面にしか注目しないが、実はその成功の陰には通常、死を賭したような凄絶な絶望体験があるのが普通であり、それを克服した者だけに、その報酬として成功（目的達成）が与えられる。

つまりは絶望という、自分を空無にする体験を通して〈古い自己〉を殺すことでしか、〈新たな自己〉は再生（あるいは創造）されない。ブッダの場合は、成道直前の悪魔の誘惑、および降魔がそれに当たる。

六年修行しても結果が出ないブッダの心に、悪魔という自分の弱い心が「修行なんか止めてしまえ」とささやく。しかし、ブッダはその悪魔（自分の弱い心）を克服、つまり否定した時点で、〈古い自己〉は死に、そしてそれと引き替えに〈新たな自己〉を獲得した。

凄絶な自己との葛藤の末、法然も絶望を経験する。「三学のほかに我が心に相応する法門ありや、我が身に堪えたる修行やあると、よろずの智者に求め、諸々の学者にとぶらいしに、教うるに人もなく、示すに輩もなし」や「出離の道に煩いて、心身安からず」という言葉が、法然の深い絶望を如実に物語っていた。

しかし、絶望の淵にありながら、法然は決してあきらめなかった。それでもなお道を求め続けた法然の目に『観経疏』の一節が目に飛び込んできて、回心を遂げたのである。このように、二人を支えたのは〈不退転の決意〉であり、これがあったからこそ、絶望を希望に変えることができたのである。

大乗仏教には「真空妙有《しんくうみょうう》」という言葉がある。様々な解釈が可能だが、私はこれを「真にものごとを空じた（＝否定した）ときに、妙なる有（存在）がある」と読む。つまり「妙なる有」は一度「空」という完全なる否定をくぐり抜けなければならない。

その意味で、ブッダも法然も絶望という経験を通じて自己がいったん完全否定され、そしてその否定をくぐり抜けて（つまり絶望を克服して）、成道や回心という妙有を手に入れたのである。

比喩的な意味ではあるが、一度死んだ人間は強い。その体験以上に怖いものはないからだ。だから、法然は相次ぐ法難にも耐えられたのではないだろうか。土佐への流罪など、むしろ喜んで受け入れていたほどだ。

二人とも絶望を経験することで、いったん古い自己として死にきっている（＝古い自己を殺しきっている）のであり、そしてそこから再生したからこそ、新たな自己として生ききれたのであろう。

〈今〉を生きる

死にきるには生ききることが前提になるが、では生ききるために必要なことは何か。言葉を換えれば、人生を充実させるには何が必要かを考えてみよう。

二人とも八〇歳という寿命を享受したが、その八〇年もよくよく考えれば、日々の一秒一秒、一刹那一刹那の積み重ねであることが分かる。つまり、この一秒や一刹那をおろそかにして人生が充実するわけがない。この点を、ブッダの言葉で確認してみよう。

「過去を追うな。未来を願うな。過去はすでに過ぎ去り、未来は未だ来ていない。ただ、現在の事象をその場その場で観察し、揺らぐことなく、動ずることなく、知者はそれを修習せよ。今やるべきことのみを熱心になせ。明日〔自分が〕死ぬことを誰が知ろうぞ」（『マッジマニカーヤ』第一三一経）

我々は過去の失敗にこだわったり過去の栄光にすがりついたりし、またバラ色の未来を妄想したり不安な未来を畏れるなどして、現実をおろそかにする。しかし、考えてみれば、過去を生きることも未来を生きることもできない。生きることができるのは、〈今〉だけである。行動をおこせるのは、そして変化をおこせるのは、〈今〉という瞬間しかない。

極めて当たり前のことなのに、それができないがために、人生を充実させることができず、死ぬ間際になって「死んでも死にきれない」と嘆いてしまう。

ブッダは三五歳で覚りを開き、八〇歳で亡くなるまで布教に専心した。成道によって「苦からの解脱」という所定の目的を達成したわけであるから、その後はもう少しゆったりと人生を送ってもよさそうなのに、ブッダは一カ所に定住することなく、村から村へ、町から町へと遊行し、臨終の床にあるときでさえ法を説き続け、終身、布教を貫いた。

一方、法然も四三歳で回心した後、日課念仏六万遍を貫き、死ぬまで念仏一筋の生活を送った。一口に六万遍と言うが、一分間に一〇〇回念仏を称えたとしても一〇時間を要し、死ぬまでこの生活を貫くことは、並大抵のことではない。
このような生活をする二人の一秒一刹那が充実していないわけがない。実に濃密な一秒一刹那の積み重ねが二人の充実した人生をかたちづくり、結果として八〇年という生涯を生ききらせ、そして死にきらせている。

感謝の自覚

では、そのような二人の生き方の動機づけになるものは何であったか。それは〈感謝の自覚〉ではなかったかと推察する。以下に引用する二人の文章は酷似しており、いずれも感謝の念にあふれている。まずはブッダの言葉から。

「人の身を得るのは難しく、死を定めとする人に命があるのも難しい。正しい教え(法)を聞くのも難しく、諸仏の出現も難しい」(『ダンマパダ』第一八二偈)

ここでは「〜は難しい」としか表現していないが、その裏には「なのに、今、人として生まれ、命を頂戴し、正法を聞き、仏の出現に遭遇したことは有り難く、喜ぶべきである」が含意されている。

「有り難い」は文字どおり「有ること難し」、つまり滅多にないことを意味するが、滅多にない状況を自覚するからこそ、「有り難い」という感謝の念が起こってくる。では次の法然の言葉を紹介する。

「うけがたき人身《にんじん》をうけて、あいがたき本願にあいて、発《おこ》しがたき道心《どうしん》を発して、はなれがたき輪廻の里をはなれて、生まれがたき浄土に往生せん事、悦びの中の悦びなり」（『一紙小消息』）

両者とも人間として生まれてきたこと、そして仏の法（あるいは本願）に出会えたことを深く感謝している。「現状を当たり前」と考える人間に感謝の念はないし、また今を充実させて生きようとする動機づけもないだろう。

古代インドと中世日本、時代も地域も異なるのに、両者とも同じように現状を「有り難い」と受け止め、感謝の念を表明しているのは実に興味深い。また、そこに、生ききり、死にきった二人の共通点が見出せるということは、それが我々にとっても生ききり死にきるための要件となりうることを示している。

我々は何事もない状態、つまりプラスマイナスゼロの状態を基準に苦楽を計る。何もなくて当たり前であり、その状態から一段上がれば楽（幸せ）を、逆に一段下がれば苦（不幸）を感じる。

かりに一段上がって楽を感じても、その状態が一週間も続けば、もはや楽を感じることはなく、今度はその状態がプラスマイナスゼロ（基準）となり、さらなる楽を求めてさらに一段上の生活を目指すことになり、これは際限なく上へ上へと続いていく。

しかし仏教の物差し（当たり前の基準）は「一切皆苦」であり、「人生は苦しいものである」（つまり最底辺）からスタートする。よって、何事もないプラスマイナスゼロ状態はきわめて「有り難い」状況なのである。

であるから、人間として生まれたことや仏の教えと出会えたことは〈当たり前〉ではなく、〈有り難い〉ことなのであり、我々もそこから出発すれば、生ききり死にきる人生を送るスタートラインに立てるのである。

これを踏まえ、さらに法然の言葉に耳を傾けてみよう。彼はブッダの出現に巡り会えなかったこと、また大乗経典が説示される座に参加できなかったことを嘆きながらも、

「教法流布の世に遇《あ》うことを得たるは、これ悦びなり」ととらえ、最後にこう指摘する。

「ここに我等、いかなる宿縁《しゅくえん》に応《こた》え、いかなる善業によりてか、仏法流布《ぶっぽうるふ》の時に生まれて、生死解脱《しょうじげだつ》の道を聞く事を得たる。然《しか》るを、今、遇い難くして遇う事を得たり。徒《いたず》らに明かし暮らして止《や》みなんこそ悲しけれ」（『勅伝』第二一巻）

つまり、今生で仏法と巡り遇ったのは希有なることであるのに、その有り難さを自覚せず、無益に時を過ごして人生が終わるようなことになれば、それは実に残念なことだと諭している。このような〈感謝の自覚〉の背後に、〈無常の自覚〉があることは言うまでもない。

また『十二箇条問答』でも、「遇い難き仏法に遇えり。このたび出離の業を植えずば、いつをか期《ご》すべきと思うべきなり」と法然は指摘する。「今やらずして、いつやるのか」、この気持ちが〈生ききり死にきる〉上で重要なのである。

生死を超えた生き方

仏教は智慧の獲得により、苦からの解脱を目指す。その智慧の具体的内容は「無分別《むふんべつ》智《ち》」と言われる。通常、「分別」はある方がよいのだが、仏教はない方をよしとする。いや正確には、「超分別（分別を超える）」と表現すべきであろう。それはともかく、仏教の根本思想は「縁起」であり、紙の裏表や親子関係で説明したとおりである。

ではこれを生死にあてはめるとどうなるか。当然、〈生〉と〈死〉も縁起の関係にあるので、生も死も別個に独立して存在するのではない。生に縁って（＝生を縁として）死が起こり、死に縁って（＝死を縁として）生が起こると説かれる。つまり、生と死は、紙の裏と表と同じように分けられない（＝分別できない）。だから「無分別」なのであり、それを洞察する智慧を「無分別智」という。

これに基づけば、生を問題とするには、死を無視することはできないし、その逆もまたしかりである。つまり生と死は「一如《いちにょ》」（表裏一体）であり、二つで一つの事象なのである。だから、死にきるためには生ききることが必要であり、生ききることでしか死にきることはできない。これが仏教の死生観である。

ではこれを念頭に置いて、法然の言葉を味わってみよう。

「生けらば念仏の功つもり、死なば浄土にまいりなん。とてもかくてもこの身には、思いわずろうことぞなしと思いぬれば、生死ともにわずらいなし」（『勅伝』第二一巻）

生きている間は念仏の功徳を積み、死ねばその功徳に乗じて浄土に往生すればよいと思っていれば、生きることも死ぬことも煩わなくてすむと法然は言う。何という諦念！　完全に生死を超越している。生にも死にもまったくこだわりがない。生ききり死にきれる人の生き方は、こうなるのである。

法然は和歌をたくさん詠んだが、その中の一つに次のような歌がある。

阿弥陀仏《あみたぶ》と　十声《とこえ》称えて　まどろまん　永き眠りに　なりもこそすれ（『和語灯録』）

「南無阿弥陀仏と十声お称えして眠るとしよう。永遠の眠りになるかもしれないので」という意味だが、これも生死を超越した境地を巧みに表している。また、これと同趣旨のことを、法然は次のように説く。

「平生の念仏の死ぬれば臨終の念仏となり、臨終の念仏の延ぶれば平生の念仏となるなり」（『念仏往生要義抄』）

平生（普段）の念仏を称えていて死ぬことになれば、それは臨終の念仏になるし、これが臨終の念仏だと思って念仏を称えていても、それが延びれば、平生の念仏になると言う。ここでは「平生の念仏」と「臨終の念仏」が融通無礙《ゆうずうむげ》に一如と化しているのが分かる。

＊

仏教という宗教の凄み

では最後に、仏教という宗教の特徴について私見を述べることにする。いや、「特徴」というようなニュートラルな表現では、このニュアンスを伝えきれないので、ここでは〈凄み〉という、やや過激な言葉を使うことにしよう。

本書では、ブッダと法然の比較を通じて両者の特徴を浮き彫りにしてきたが、これにともない、副産物として見えてきたことがある。それが仏教の凄みであり、仏教の未来のあり方を考える上で重要な点でもある。

まずは、この仏教の凄みを考える前提として、キリスト教をとりあげよう。同じ世界宗教に属する仏教とキリスト教だが、両者の特徴はずいぶん違う。キリスト教は一神教であり、聖書が絶対的な権威を持つので、それ以外の不純物は排除される。

キリスト教は聖書の解釈によって成り立っているが、その解釈は放っておくと多義にわたってしまうため、公会議なるものを開いて解釈を統一し、そこで承認された解釈だけが〈正統〉と見なされ、それ以外の解釈は〈異端〉の烙印を押される。いったん異端の烙印を押された解釈は徹底的に排除され、こうしてキリスト教の純潔は今日まで保たれてきたのである。

一神教といいながら、イエスという人間を〈神の子〉と位置づけたことから、「三位一体説」という苦しい解釈が生まれたが、カトリックのマリア信仰を例外とすれば、崇拝の対象は父なる神か神の子イエスであり、それ以外にはあり得ない。

また聖書、この場合は『新約聖書』だが、冊子にすれば片手で持てるし、『旧約聖書』

を含めても、両手で持てる分量だ。キリスト教の聖書にあたるものは仏教の経典だが、その量たるや膨大である。一口に経典と言っても、パーリ聖典やチベット語の一切経、漢訳の一切経などさまざまだが、どれ一つとっても片手で持てる量ではない。なぜ、このような違いが生まれるのか。

それは、言語・言葉に対する考え方が両宗教でまったく異なるからである。聖書の冒頭に「最初に言葉ありき」とあるように、聖書では「言葉」が決定的に重要な意味を持つ。聖書が右と言えば絶対に右であって、それ意外はありえない。外からの影響を排除するので、「閉じた聖典（クローズド・キャノン）」と呼ばれる。

一方、仏教の経典は「対機説法《たいきせっぽう》」を基本とし、相手によって説き方を変えるし、言葉は「真理を伝える媒体（能詮《のうせん》）」でしかないので、言葉自体は重要ではなく、「言葉が意味しているもの（所詮《しょせん》）」、つまり「言葉が指し示す先にあるもの」が重要になる。よって、真理の表現の仕方は一つではないので、経典の数は膨大に膨れあがっていく。これを「開いた聖典（オープン・キャノン）」と言う。

次に信仰の対象だが、大乗仏教以来、ブッダ以外にも多数の仏が誕生した。浄土教で重要な位置を占めるのは阿弥陀仏だが、日本仏教に目を転じると、仏は当然として、宗派の祖師が、大殿《だいでん》や本堂等、つまり中心となる建物に祀られている。

浄土宗であれば宗祖・法然の像が知恩院の中心となる巨大な大殿に安置され、衆生を救済する阿弥陀仏は本堂脇の、大殿から比較すればかなり小さめの阿弥陀堂に追いやられる。仏教の開祖ブッダにいたっては、三門《さんもん》の上層部に安置され、普段は非公開なので、拝顔すらままならない。

キリスト教的に発想すれば、大殿の中心には仏教の開祖である釈迦牟尼仏が安置されるべきであり、そうでなければ、少なくとも阿弥陀仏像が安置されるべきところだが、実際は宗祖・法然の像が中央に鎮座する。浄土宗も仏教なのに、真ん中に位置するのは仏教の開祖ブッダではなく、浄土宗の宗祖・法然なのである。

信仰の対象だけでなく、教えもそうである。念仏往生の教えは、ブッダの時代に説かれていた形跡はまったくない。ブッダが説いたのは、自分で修行して煩悩を滅し、真理を覚ることだけだ。しかし、法然が説いたのは阿弥陀仏の他力によって念仏往生することだった。ブッダの教えと法然の教えでは、重なるところがほとんどないのである。

私はこれを批判しているのではない。むしろここに、仏教の特徴がある。本書でも指摘したように、ブッダにせよ法然にせよ、権威主義的なところはまったくなく、自分が説いた教えさえも否定する態度が見られた。つまり、仏教のダイナミズムは、つねに古い教えを新たに解釈しなおし、脱皮させていく点にある。

換言すれば、脱皮しない仏教は止滅するということだ。だから、ブッダを開祖としながらも、仏教は大乗の時代を迎えて中観哲学や唯識哲学を生み出した。このような哲学はブッダの教えには直接トレースできないものである。むろん、その萌芽となる思想はあるが、龍樹にせよ世親にせよ、旧来のブッダの教えを大胆に解釈し、新たな教えとしてブッダの思想を脱皮させたのである。

仏を殺す⁉

さきほど、脱皮しない仏教は止滅すると言った。その意味で、法然は旧来の仏教を解釈しなおし、〈専修念仏〉という仏教に脱皮させたのである。そこに法然浄土教の意義があり、本堂に祀られる価値がある。

仏教は、縁起にせよ還愚にせよ、〈自己を相対化〉するところにその特徴があるが、これは〈自己否定（＝自己再生）〉する力を内に秘めているのが仏教ということでもある。これが仏教の〈凄み〉なのである。

たとえば、ブッダは、「私が説いたからという理由だけで信じてはならぬ。自分の理性に照らし、自ら判断して正しいと思えば、その教えを受け入れよ」、あるいは「私への尊敬の念から、すぐに私の教えを受け入れてはならない」旨の発言をし、自分が説いた教えさえも否定する。

また有名な〈筏の喩え〉において、ブッダは自らの教えを筏に喩え、此岸（迷いの岸）から筏を使って彼岸（覚りの岸）に渡ってしまえば、その筏（私の教え）は邪魔になるから捨ててしまえと弟子たちに説く。何とも潔い教えではないか。

自分で自分を否定するのであるから、こんな教えは宗教史上、かつて存在しなかったであろう。唐代の臨済《りんざい》禅師に、「仏に逢っては仏を殺し、祖にあっては祖を殺せ」という言葉があるが、これは仏教という宗教の本質を見事に言いあてている。

これは、大乗経典の般若経で説かれる「空亦復空（空もまた空なり）」の思想と通底している。空はモノの実体やモノに対する執着を否定する思想でもあるが、その空自体が対象化（客観化）されたときには執着の対象となるので、「その空もまた空なり」と、空に対する執着を否定する。さらに言えば、「『空もまた空なり』も空なり」となり、きりがない。

このように、仏教の特徴は自己否定するところにある。古くなったもの、滞ったもの、執着の対象となったものは、「壊すにしかず」である。

ともかく、町田宗鳳も『法然・愚に還る喜び』（日本放送出版協会、二〇一〇）の中で、この臨済の言葉を引用し、「法然をもっとも誠実に、かつ真摯に学ぶということは、『法然を殺す』ことに帰結しなければならないのです。そのときにこそ、私たちはようやく『法然を超えた』ことになるのです。（中略）宗祖を絶対視するというほうが、よほど常識から外れています」と指摘する。これは法然にかぎったことではなく、日本の宗祖全般に言えることだ。

未来の仏教の行方

ブッダから法然への移行が何を意味するかについて考え、本書を閉じることにする。キリスト教と違い、仏教は時代や地域の特性に応じてブッダの教えを解釈し、ときには大胆に解釈しなおすことで、ある特定の時代と地域にふさわしい教えとして脱皮（再生）し、根づいていった。これが仏教の歴史である。

日本では法然が中世に、時代（時）とその時代に生きる人（機）を凝視し、〈時機相応〉の教えを模索する中で、インドのブッダの教えを〈専修念仏〉や〈念仏往生〉へと脱皮させた。

そのような法然に対し、浄土宗徒は誰しも敬慕の念を抱いている。では浄土宗徒にとってブッダの存在はどうだろうか。ブッダの誕生を祝う花祭りくらいはするが、法然ほどには信仰の対象になっていない。

無論、浄土宗徒も仏教徒であるから、教祖ブッダを否定することはないが、ブッダ以上に宗祖の法然を重視しているのは確かだ。では、「ブッダ以上に法然を重視する態度の肯定」は何を意味しているのか。

それは、とりもなおさず「その法然を否定するという態度の肯定」である。ブッダの教えを新たに〈脱皮〉させたのは法然だが、その法然の態度を肯定するのなら、その法然の教えを将来、脱皮させるであろうX（現段階では、それが何か、あるいは誰かは分からないが）の存在も肯定しなければならない。

逆に、法然の教えを〈脱皮〉させるであろうXの存在を否定するのなら、ブッダの教えを〈脱皮〉させた法然も否定されるべきだし、その場合は原点墨守《ぼくしゅ》主義に立ち返り、仏教の開祖ブッダこそを絶対視すべきである。その場合の仏教は、もはや〈仏教〉ではなく、〈釈迦牟尼教〉と呼ばなければならない。

この二つは紙の裏表の関係にあり、一方（表面）を肯定すれば、他方（裏面）も肯定するか、あるいは一方を否定すれば、他方も否定しなければならない関係にある。もし「法然の否定」を否定するなら、「ブッダ以上に法然を重視する態度」も否定しなければならないのである。

この場合の「法然の否定」とは、法然の存在や思想を価値なきものとして否定するのではなく、町田の言葉をかりれば、「法然を超えていく／宗祖を絶対視しない」、私の言葉で言えば、「法然浄土教をさらに新しく脱皮させる」となる。

経典の記述がリアリティを持った中世とは違い、科学が発達した現代社会、あるいは未来の社会において、専修念仏や念仏往生という中世の装いのままの法然浄土教で浄土宗僧侶は事足れりとするのかどうか。あるいは、浄土宗僧侶は法然浄土教を新たに脱皮させる努力をしているのかどうか。それが現代および未来の社会で、きびしく問われることになるだろう。これは浄土宗にかぎったことではない。

我々が真に継承すべきは、「専修念仏」や「念仏往生」という法然の〈教え（teachings）〉なのか、あるいは「時機相応」という法然の〈態度（attitude）〉なのか。そこが問題なのである。これまでの仏教史がいみじくも教えているように、地域や時代（時）、そしてそこに住む人々（機）に相応しい教えとして仏教は脱皮し、生き延びてきた。

その典型例の一つが法然であり、その内容や意義については、本書で見てきたとおりだが、これを逆から見れば、脱皮しなくなった瞬間、古い皮に閉じこめられた仏教は窒息し、止滅する。大きな苦痛を伴う作業だが、それを我々は深く自覚しなければならないのである。

付録　それぞれの生涯・思想・歴史

ブッダ「戦場で一〇〇万人に勝つよりも、ただ一人の自己に克つ者こそ、実に最上の勝利者なり」『ダンマパダ』

法　然「月影《つきかげ》の　至らぬ里は　無けれども　眺むる人の　心にぞすむ」『和語灯録』

【1. ブッダの生涯】

誕生

ブッダが属するシャーキャ（釈迦《しゃか》）族は、ヒマラヤ山麓で小国を形成し、その首都はカピラヴァストゥであった。そのシャーキャ族の王シュッドーダナと王妃マーヤーとの間に誕生したのがブッダであり、マーヤーは白い象が天から自分の胎内に入る夢を見て懐妊した。

臨月が近づくと、マーヤーは従者を連れて出産のために自分の故郷に向かい、その途中、ルンビニー園で休息をとった。そして、そこに咲いていたアショーカ樹の一枝を折ろうと右手を差し伸べた瞬間に産気づき、マーヤーは右脇からブッダを出産した。

生まれたばかりのブッダは四方に七歩ずつ歩き、「天上天下唯我独尊《てんじょうてんげゆいがどくそん》」と宣言したが、生母マーヤーはブッダを出産して一週間後に亡くなった。その後は、マーヤーの妹マハープラジャーパティーがブッダの養母となったが、彼女は、後にブッダが覚りを開いて教団を組織すると、ブッダに出家を願い出て許可され、尼僧の第一号となる。

なおブッダは「シッダールタ（目的を成就した人）」と命名された。姓は「ガウタマ」なので、「ガウタマ・シッダールタ（パーリ：ゴータマ・シッダッタ）」と言う場合もある。

幼少期

季節に応じた三つの宮殿（雨季用・夏用・冬用）、高価な絹の着物、白米やお肉といった贅沢な食事など、王子であったブッダは宮殿内で何不自由ない生活をしていた。しかし、それが逆にブッダから現実感を奪い去り、幼少期より人生について深く悩むことになる。贅沢な上辺だけの生活は、過酷な現実の人生をより際立たせた。

あるとき、ブッダは農耕祭に出席すると、鋤《すき》で掘り出された虫が小鳥に食べられ、またその小鳥がさらに大きな猛禽《もうきん》の餌食となるのを目撃する。これにより、命の無常を実感し、ブッダは人生に対する悩みを増大させた。青年になると、ブッダはヤショーダラー姫を妻として迎えたが、依然として世俗の生活に対する悩みは軽減しなかった。

出家

現実感を欠いた宮殿内での生活に飽き飽きしたブッダは、庶民の生活に興味を抱き、父王に許しを請うて宮殿の外に出た。しかし、東の門では老人、南の門では病人、また西の門では死人と出会ったことで、ブッダは自分自身も老・病・死の運命にあることを自ら覚ると、落ち込み、憂鬱になり、彼の悩みは最高潮に達する。

そして最後に北の門で沙門（出家修行者）に出会ったとき、彼の心は決まった。老・病・死という人生の根本問題を解決するには出家しかない、と。ブッダ二九歳のときである。これを四門出遊《しもんしゅつゆう》と言う。

そのころ、ブッダには一子ラーフラが誕生していたが、子が大きくなってからでは未練が残ると考え、宮殿内の皆が寝静まった真夜中、ヤショーダラーとラーフラに別れを告げると、愛馬カンタカの背にまたがり、意を決して宮殿の敷居を超え行く。カンタカの蹄が宮殿の地面を蹴る音は、静かな夜の虚空に響きわたった。

そして郊外まで行くと、俗世の華やかな衣装を解き、質素な修行者の衣に身を包んだ。いよいよ命を賭したブッダの厳しい修行生活の始まりである。

苦行

それまでは宮殿の中で暮らしていたため、ブッダは修行の仕方がわからない。だから、ブッダはまず師匠を見つけなければならなかった。そこで、生まれ故郷から遠く離れた、思想・文化の中心地であるマガダ国の首都ラージャグリハに向かい、アーラーダ仙とウドラカ仙という二人の仙人に師事して禅定《ぜんじょう》（精神集中）の行に励んだ。しかし、禅定を修得しても、ブッダの心の悩みは解消されない。

二人のもとを離れると、次にブッダは五人の仲間と苦行林に入って苦行に身を投じた。さまざまな苦行を実践したが、断食の行はとくに厳しく、周囲の者はブッダが死んだとさえ思うほどであった。一週間あるいは一ヶ月を胡麻粒一つで過ごそうというのであるから当然だ。他にも、呼吸を止める苦行にも挑戦したと仏典は伝えている。

しかし、禅定を実践しても苦行に身を投じても、老・病・死の苦からの解脱というブッダの当初の目的はまったく達成されなかった。この時点で、出家してから六年もの歳月が流れ、ブッダは三五歳になっていた。六年間、故郷を離れて修行するも、結果が出ない日々が続く。

降魔

禅定も苦行も無益であることを体感したブッダは、苦行林から出ると、近くのナイランジャナー川で沐浴し、村娘のスジャーターから乳粥《ちちがゆ》の供養を受ける。すると、苦行で消耗したブッダの体に生気がよみがえり、体力を回復した。それからブッダはピッパラ樹の根元に結跏趺坐し、深い瞑想に入った。

そこに悪魔があらわれ、「そんな苦しい生活は今すぐ止めて、もとの宮殿での楽しい生活に戻れ。今の生活を続ければ、死ぬだけだ」と耳もとでささやき、ブッダの修行を邪魔した。また悪魔は自分の娘に媚態《びたい》をつくさせ、ブッダを性的に誘惑させたが、ブッダはひるまなかった。ブッダは悪魔の誘惑を斥け、悪魔を降伏させたのである。

成道

悪魔を斥けたブッダに、覚りの瞬間が近づく。ブッダは瞑想に入り、老・病・死という苦の原因および苦から解脱する方法に精神を集中すると、閃いたのである。

〈なぜ死ぬのか。それは生まれたからだ。生を因とし、死という果が生じる。生まれた以上、死は避けられない。老と病も同様だ。この世のすべてには原因と結果があり、何らかを縁として、結果が起きる（縁起）。これがこの世の真実。しかし人はこの縁起の道理を知らないため、若さへの執着を縁として、老という苦が生起する。同様に健康への執着を縁として病という苦が、また生命への執着を縁として、死という苦が生起する。老・病・死の苦から解脱するには、執着を離れればよいのだ！〉と。

ブッダは、苦を生み出す根源が、世の道理を知らないという「無知（無明《むみょう》）」や、その無知に基づいて働き出す「執着」といった煩悩（心の汚れ）であることを見抜き、それをなくせば一切の苦から解脱できると覚ったのである。ブッダ三五歳の時、明けの明星が輝き始めた一二月八日のことであった。

このピッパラ樹は、その樹の根元でブッダが覚り（菩提）を開いたので、「菩提樹《ぼだいじゅ》」と呼ばれる。また、この場所はガヤーと呼ばれる町の郊外だったが、ブッダがここで「仏（目覚めた人・覚った人）」になったので、「ブッダガヤー」と言われる。

梵天勧請～初転法輪

宇宙の普遍的真理（法）である「縁起」の理法に目覚め、一切の苦から解脱し自由になったブッダは、四九日間、覚りの楽しみを享受していた。すると、そこにインドの最高神の梵天《ぼんてん》（ブラフマン）がブッダのもとに現れ、「ブッダが覚った真理を他者に説かずに亡くなることは世界の大きな損失です。どうか覚った法を他者に説き示し、他者をも幸せにされますように」と勧請した。

最初は躊躇していたブッダだったが、梵天の勧請が三度に及んだため、ついに自分が覚った法を説く決心をする。これを「梵天勧請《ぼんてんかんじょう》」と言う。

ブッダが最初に説法の相手として選んだのは、ブッダガヤーから遠く離れたサールナートの鹿野苑《ろくやおん》にいる苦行時代の五人の仲間であった。彼らはブッダが苦行を放棄したことを快く思っておらず、最初は無視を決め込んでいたが、ブッダの威光にうたれて思わず立ち上がると、ブッダに深々と礼拝し、四諦《したい》・八正道《はっしょうどう》・中道《ちゅうどう》を内容とするブッダの説法に耳を傾けた。

すると、彼らも真理に目覚めて苦から解脱し、ブッダの最初の弟子となったので、教団が組織された。真理に目覚めた人（仏）、仏が説いた真理（法）、その法にしたがって修行する出家者の集団（僧）という仏教の「三宝《さんぼう》」が誕生した瞬間である。

入滅

この後、ブッダはシャーリプトラ（舎利弗《しゃりほつ》）やマウドガリヤーヤナ（目連《もくれん》）をはじめとする有能な弟子を獲得し、また熱心な在家信者の支援もあって、仏教は徐々にインドの各地へと拡がっていった。とくにビンビサーラ（頻婆娑羅《びんばさら》）王が寄進した竹林精舎や給孤独《ぎっこどく》長者が寄進した祇園精舎は有名であり、伝道の拠点となった。

三五歳で覚りを開いてからというもの、一カ所には決して定住せず、精舎を移り住みながら遊行の生活をし、伝道に専心したが、齢八〇にして、いよいよブッダにも最後の時が訪れる。チュンダという信者が施した食事（茸か豚肉）を口にしたブッダは激しい腹痛に見舞われた。

余命幾ばくもないことを察知した仏弟子のアーナンダはブッダに、ブッダ亡き後の仏教徒の生き方を尋ねると、ブッダは「自らを拠り所とし、法（真理）を拠り所とせよ」と答えた。自分が亡くなっても、真実の自己と普遍の真理を頼りに生きればよい、とアーナンダを励ましたのである。

さて、苦痛に耐えながら旅を続けるブッダであったが、クシナガラという町のサーラ樹の林の中、二本のサーラ樹（沙羅双樹）の間に身を横たえると、二月一五日の夜半、静かに死を迎えた。「すべてのものは過ぎ去る。怠けることなく、道を求めよ」、これがブッダの最後の言葉（遺言）となった。

【2．ブッダの思想】

縁起

仏教の根本思想は「縁起」である。縁起とは「縁って起こること・何かを縁として生起すること」を意味する。つまりこの世のすべては、因果関係によって成り立っており、他者の力を借りずに、それ単独で存在しているものは何もない。これを時間と空間に分けてさらにくわしく見ていこう。

まず時間的な面での縁起だが、「花が咲く」という場合、花はある日突然咲くわけではない。「花が咲く」という結果の直接的原因（因）は「種」である。しかし、花が咲くには、豊かな土壌に種を植えること、適量の雨が降ること、太陽の光が降り注ぐこと、肥料を与えること、といった間接的原因（縁）も必要になる。こうして因と縁が相俟《あいま》って、花が咲く。これが時間的な面での縁起である。

次に空間的な面での縁起。これについては前章において、紙の裏と表を例にとりながら説明したが、北と南、右と左、上と下など、相対立する概念は、すべてこれと同じである。

ここでは、まず夫妻を例にとって考えてみよう。夫がいない女を妻とは呼べないし、妻がいない男を夫とは呼べない。夫に縁って（夫を縁として）妻があり、妻に縁って（妻を縁として）夫がある。

では次に、この夫妻に子供が生まれる場合を考えてみよう。親と子は、どちらがさきに生まれるだろうか。普通は「親」と考えられるが、しかしよく考えてみると、子供が生まれていない夫妻を「親」とは呼べない。

子供が生まれてはじめて夫は「父」に、妻は「母」に、つまり夫妻は「親」になる。むろん、子の誕生には夫妻の存在が必要だが、しかし子の存在が夫妻（あるいは男女）を「親（あるいは父と母）」にする。つまり、親と子は「縁起の関係」にあり、同時に存在するのである。

このように、世の中のすべては、互いに支え合いながら、自己が他者を活かし、他者が自己を活かすという関係にあるのである。これが「縁起の関係」である。

話を仏教の修行に戻すと、苦という結果をなくすには、その原因となる執着を含めた煩悩（心の汚れ）を取り除けばよい。そして煩悩を取り除くには、修行が必要になる。

四諦

ブッダが初転法輪《しょてんぽうりん》で説いたとされる教えが、四諦と八正道（＝中道）であったので、まずはブッダの教えとして、この二つを理解しておく必要がある。

四諦とは苦諦《くたい》・集諦《じったい》・滅諦《めったい》・道諦《どうたい》を指す。「諦」は「諦《あきら》める」と訓読し、本来は「明らかにする」の意で、ここでは「明らかにされたもの（＝真理）」を意味する。それが四つあるので「四諦」と言うが、正式には「四聖諦《ししょうたい》（四つの聖なる真理）」である。

苦諦：「人生は苦である」という真理。我々は生まれながらに煩悩および煩悩に基づく執着を有している。そして、煩悩を有するかぎり、それは結果として苦をもたらし、絶対的な楽を手にすることはない。人として生まれた以上、我々は老・病・死を避けられないのに、「いつまでも若くありたい。いつまでも健康でいたい。いつまでも生きていたい」と考え、若さ・健康・生命に執着するので、老・病・死が大きな苦と感じられる。

集諦：「苦には原因がある／苦の原因は煩悩（心の汚れ）である」という真理。仏教の根本思想は「縁起」であるから、苦という結果には必ず原因があり、その原因を仏教は煩悩と理解する。煩悩は一般に一〇八あると言われるが、その中でもとくに大きな煩悩が貪《とん》（貪り）・瞋《しん》（怒り）・痴《ち》（無知）であり、これらは毒にも等しい煩悩なので、「三毒の煩悩」とも言う。「苦を集め、起こすもの」という意味で、「集諦」と呼ばれる。

滅諦：「苦の原因である煩悩を滅すれば、絶対的な安らぎが得られる」という真理。苦の原因である煩悩を滅すれば、苦のない状態（絶対的な安らぎ）が得られる。この絶対的な安らぎの状態を「涅槃《ねはん》」と言う。「蠟燭《ろうそく》の火が吹き消された状態」とも説明されるが、燃えさかる煩悩の火が吹き消された後の寂静な状態のことである。

道諦：「涅槃に至る道は八正道である」という真理。煩悩をなくせば、涅槃が得られると理屈で分かっていても、考え方を変えるだけでただちに苦がなくなるわけではない。そこで必要なのが修行という実践であり、これに八種あるので「八正道」と言う。

これは医者が患者に接する手順と似ているので、「医術の論理」とも呼ばれる。まず医者は患者の病状を把握する。熱があるのか、湿疹《しっしん》が出ているのか、下痢をしているのかなど。同様に、苦諦も人間の現実認識から始まる。人間はさまざまな苦を経験する。つまり「人生は苦である」という現実認識が仏教の出発点となる。

次に医者は、その病状から推定される病気の原因を探る。苦諦も、その原因を「煩悩」あるいはその煩悩の働きである「執着・渇愛《かつあい》」に求める。病気の原因が突き止められれば、次に医者はその病気の原因をなくせば、患者は健康を回復すると考える。これが滅諦に相当する。

そして最後に、医者はその病気の原因を取り除く方法、すなわち処方箋を考える。これが道諦に相当し、煩悩をなくすための方法が八正道である。

八正道・中道

八正道とは「八つの正しい実践道」のことで、正見《しょうけん》（正しく物事を見極めること）・正思《しょうし》（正しく思惟すること）・正語《しょうご》（正しく語ること）・正業《しょうごう》（身の行いを正すこと）・正命《しょうみょう》（正しい生活をすること）・正精進《しょうしょうじん》（邪念なく努力すること）・正念《しょうねん》（正しく注意力を行使すること）・正定《しょうじょう》（正しく精神を集中すること）の八つである。

このように、生活全般において自分の行動を正しく方向づけ、正しい習慣を身につけることができれば、自ずと真実を見極める智慧が生起し、一切の煩悩を断ち切って、苦から解脱できる。頭だけで理屈を理解するのではなく、身心全体を通した修行（実践）

によってこそ、真の心の安らぎは得られるのである。
この八正道は「中道」とも呼ばれる。ブッダ自身は宮廷で贅沢三昧の暮らし（快楽主義）を享受したが、それが無益であることを知って出家すると、今度は一転して六年間の苦行の生活（禁欲主義）に入る。しかしこれも、心の安らぎをもたらすものではないと知り、これも捨てて最終的に八正道という実践に行き着いた。つまり、八正道とは快楽主義と禁欲主義の両極端を離れたという意味で「中道」なのである。

四法印

法印とは「旗印《はたじるし》」を意味する。旗の機能は他者から自己を区別することであるから、法印とは他の宗教の教えから仏教の教えを区別し特徴づけるもの、つまり仏教独自の教えを意味し、これに四種あるので「四法印《しほういん》」と言う。

諸行無常《しょぎょうむじょう》：『平家物語』の冒頭で有名な句だが、これは「すべて原因によって作られたもの（行）は常住ではない」という教えである。これは仏教の根本思想である「縁起」を時間的な側面から説明したもので、条件づけ（因）が変わると、結果も変わることを意味する。

たとえば人間の体を例にとると、生まれてから青年期にかけては細胞分裂が活発におこなわれることで（因）肉体は成長するが（果）、老年期にかけては細胞分裂が減退していくことで（因）肉体は老化し（果）、最後は死に至る。栄える者もいつかは衰退し、若き者もいつかは老衰する。

諸行無常にはプラスの状態がマイナスに転じるという否定的な響きがあるが、その逆もある。諸行無常だからこそ、練習によってできないことができるようになり、修行によって苦の状態から苦のない状態へと移行できる。つまり、マイナスの状態からプラスの状態に転じることができるのも、諸行無常だからである。

諸法無我《しょほうむが》：「すべての存在（法）には実体（我）がない」という教えである。縁起を時間的な側面から説明した諸行無常に対し、諸法無我は縁起を空間的な側面から説明している。紙の裏表や夫婦の関係など、この世のすべては、他者の存在の助けを借りて初めて存在しうるので、それ単独で存在するような独立自存の実体（我）はないというのが諸法無我である。

我々は実体のないもの（地位・名誉・お金など）に執着するが、実体がないのであるから、それらは最終的なよりどころにはなりえない。このように無我は、対象に対する執着を誡める教えでもある。

一切皆苦《いっさいかいく》：縁起を時間的に表現すれば諸行無常、空間的に表現すれば諸法無我だったが、我々は煩悩のせいでその真理を正しく認識できない。諸行無常なのに、永遠の若さや健康にこだわる。またすべては諸法無我で、実体がないのに、実体があると見なして執着する。このように、諸行無常や諸法無我といった真理を正しく認識しないかぎり、すべては苦に帰着するというのが一切皆苦の教えである。

涅槃寂静《ねはんじゃくじょう》：逆に、諸行無常と諸法無我の真理を正しく認識し、心身の両面でこれを理解すれば、涅槃という寂静の境地に至るというのが涅槃寂静である。

このように、四法印は四つが別々に存在しているのではなく、「宇宙を貫く真理（縁起）は時間的には諸行無常、空間的には諸法無我と表現できるが、これを正しく認識できなければ一切皆苦の世界に迷い込み、これを正しく認識して八正道を実践すれば、涅槃寂静の世界にたどり着くことができる」というように、四つを関連づけ、体系的に理解することができる。

なお、この四つの中から、一切皆苦あるいは涅槃寂静のいずれかを省いて「三法印《さんぼういん》」と呼ぶ場合もあるが、ここで確認したように、四法印の方が仏教の考え方や修行の構造を包括的に表現しているので、仏教の全体像を理解しやすい。

【3. 歴史　ブッダから法然へ】

仏滅後のインド仏教

ブッダの覚りは個人的な体験であり、ブッダが覚りに留まっていれば、仏教は誕生していなかった。しかし、ブッダは自ら覚った真理と体験を他者に向けて言語化したことで、仏教は歴史に名を刻む宗教となる。

ブッダ在世当時、仏教はそれほど大きな勢力を持った宗教ではなかった。しかし仏滅後、弟子たちの熱心な布教活動などにより、インド全域におよぶ宗教に成長する。とくにインド全域を最初に統治したアショーカ王が仏教を保護したことは、仏教拡大の重要な要因となった。

一方、教祖ブッダを亡くした上に教団組織が拡大したことで、ブッダの滅後、一〇〇年（あるいは二〇〇年）が経過すると、戒律上の意見の対立が引き金となり、教団は分裂するという事態に陥る。

長老の出家者たちはブッダが定めた戒律を忠実に遵守していこうとする戒律厳密遵守者だったが、若い世代は戒律の解釈に寛容で、その精神を継承すればよいとする戒律寛容受容者だった。こうして、戒律の解釈を巡って教団が上座部《じょうざぶ》（戒律厳密遵守派）と大衆部《だいしゅぶ》（戒律寛容受容派）に分裂した。これを根本分裂と呼ぶ。

こうして、一たび分裂した教団はさらに分裂を重ね、最終的には二〇ほどのグループ（部派《ぶは》）に分かれてしまったので、この時代の仏教を「部派仏教」と言う。この時代の仏教の特徴は、ブッダの教えを分析・研究し、ブッダの教えを解釈・整理・体系化することにあったが、その主体は出家者（僧侶）であり、「出家者しか覚れない」という厳格な出家主義を主張したので、在家信者は覚りから置き去りにされた感があった。

大乗仏教の誕生

紀元前後になると、そのような仏教のあり方に反対する者たちが現れ、新たな仏教改革運動がおこった。これが「大乗仏教」である。部派仏教の「出家者しか覚れない」という考え方に対し、大乗仏教は「菩提心《ぼだいしん》（覚りたいという心）を発《お》こした者は誰でも覚れる（＝仏になれる）」という理念を掲げて対抗した。

彼らは自分たちの教えを、此岸（迷いの世界）から彼岸（覚りの世界）に渡る船に喩え、「われらの船は出家者・在家者を問わず、菩提心を発こせば誰でも彼岸に至れるので大きな乗り物（大乗）だが、旧来の仏教は出家者しか乗れない小さな乗り物（小乗）だ」と非難した。部派仏教は大乗仏教側からの蔑称《べっしょう》として「小乗仏教」と呼ばれる。

大乗仏教は部派仏教を批判した仏教の改革運動であり、すべての人に覚りの可能性を開いたという点に大きな特徴がある。「誰でもの仏教」の誕生である。しかも、その覚りが各個人で完結するのではなく、「皆で覚りの岸に至ろう」というのも大乗仏教の特徴だ。ブッダ在世当初より、仏教は個人の覚りに焦点をあてた宗教であったが、大乗仏教になると、社会性を帯びた宗教へと変貌を遂げたのである。

大乗仏教にもさまざまなタイプがあるが、〈覚り型〉と〈救い型〉に大別することができる。ここからは私見を交えて説明を加えよう。大乗仏教はある意味で、ブッダの仏教に原点回帰した面を持つ。ブッダの生涯を一文で表現すれば、「ブッダは自ら覚りを開いて苦から解脱し（自利・智慧）、法を説いて他者を苦から解脱させた（利他・慈悲）」となる。

問題はこの事実を、どちらの立場から見るか。覚りを開いたブッダの立場から見るのか、あるいはブッダによって解脱させられた人間の立場から見るのか。前者であれば、「自分もブッダと同じように、自ら修行して解脱し、仏となって、多くの人びとを救済しよう」と考え、ブッダを追体験する方向に進む。

一方、後者は「ブッダと同様の仏によって、救済してもらおう」というように、仏の救済にあずかる側に回る。ここでは前者を〈自力修行型〉、後者を〈他力信仰型〉と呼んでおくが、浄土教は後者の他力信仰型に分類されよう。

多仏思想

大乗仏教の特徴として、〈多仏《たぶつ》思想〉があり、浄土教を考える上でも重要である。初期仏教以来、仏教の大原則に「一世界《いちせかい》一仏論《いちぶつろん》」があった。「仏の力は偉大なので、一つの世界に仏は二人必要ではなく、一人で充分だ」という考えから導き出された原則だ。そしてブッダの死後、この娑婆世界に仏が現れるのは、仏滅後五六億七〇〇〇万年先の弥勒《みろく》（マイトレーヤ）仏を待たねばならなかった。

とすれば、この娑婆世界に住む人間にとって、ブッダが亡くなってから五六億七〇〇〇万年の間は仏が存在しない「無仏の世」となり、仏滅後、この娑婆世界に残された者にとって、自分と直接関わりを持ち、自分を救ってくれる仏はいないことになる。

当時、この事実をずいぶん寂しく思う仏教徒もいたはずである。ある人びとは夜空を見上げながら考えた。〈広大な宇宙空間には、無数の星が点在している。全宇宙には、この娑婆世界しか存在しないはずがない。あの無数の星を見れば明らかだ。他にも世界があるに違いない！〉と。

このように、世界は一つではなく、この娑婆世界以外にも世界は複数存在すると考えれば、「一世界一仏論」に抵触せず、複数の現在仏を誕生させることができる。こうして、世界観を発展させることで多仏思想が誕生した。そしてこの多仏の中の一仏が、浄土教で重要な役割を演じる阿弥陀仏なのである。

大乗経典

経典と言えば、〈書き言葉（文字）〉で記された巻物あるいは冊子を想起するが、仏滅後しばらくは〈話し言葉〉で伝承された。つまり口伝であり、経典の内容は出家者の脳内に記憶として保存されていたのである。それが紀元前後、樹皮に〈書き言葉〉として書写されるようになると、経典の内容の保存場所は、出家者の脳内の記憶から樹皮の表面へと移動した。

経典の内容は伝承の過程において、聞き間違いや言い間違い、また書写されると書き間違いなど、多くの〈間違いの過程〉を経て伝承・保存されていくので、現存の経典がそのまま〈ブッダの言葉〉、つまりブッダの〈直説《じきせつ》〉とは見なせないというのが研究者の間では常識である。

厄介なのは大乗経典である。間違いを含むとはいえ、初期経典は〈ブッダの言葉〉を含む可能性は大いにあるが、大乗経典は仏滅後三〇〇年以上を経て創作された経典なので、いわゆるブッダの直説ではない。後代の仏教徒がブッダに仮託して創作したのが大乗経典なのである。

この〈仏説〉の「仏」を固有名詞のブッダと理解するなら、大乗経典は〈仏説〉ではない。しかし、普通名詞の「仏（真理に目覚めた人一般）」と理解すれば、大乗経典も〈仏説〉と見なしうる。

また、初期経典には「善く説かれたものは仏説である」とする説、また部派仏教の時代には「理（法性《ほっしょう》）に適っていれば仏説である」という考え方も登場し、こうして、大乗経典も徐々に仏説の経典としての権威を持つようになっていった。

そして紀元前後頃から、〈誰でも仏になれる〉を理想とする大乗教徒は、まず最初に仏となったブッダを自分たちの手本とし、そのブッダの伝記、すなわち仏伝を大胆に再解釈しながら、仏説としての権威を背景に、膨大な量の大乗経典を創作していったのである。つまり、大乗経典は仏伝を再解釈して創作されているのである。

インドから中国・日本へ

仏滅後、仏教の伝播は大きく分けて、南方と北方の二つに分けられる。インドから南に、スリランカ（セイロン）・タイ・ミャンマー（ビルマ）へと伝わった経路を「南伝《なんでん》」と呼ぶ。この経路で伝えられた仏教は主に部派仏教（小乗仏教）であり、またブッダの時代の仏教を比較的忠実に伝えているのが特徴だ。

一方、インドから北へ、中央アジアを経由して、中国・チベット・朝鮮・日本へと伝わった経路を「北伝《ほくでん》」と呼ぶ。この経路で伝えられた仏教は主に大乗仏教であり、大量のインド仏典が中国で漢訳され、またチベットではチベット語に翻訳された。日本の仏教は、この漢訳された仏典に基づいて発展してきた。

では、浄土教にしぼり、北伝の伝播を確認しておこう。浄土教に関する経典として、あとで「浄土三部経《じょうどさんぶきょう》」（付録二一四頁参照）に言及するが、それとならんで、インドでは中観《ちゅうがん》哲学を樹立したナーガールジュナ（龍樹《りゅうじゅ》）や、唯識《ゆいしき》哲学の大成者であるヴァスバンドゥ（世親《せしん》）が、それぞれ『十住毘婆沙論《じゅうじゅうびばしゃろん》』や『無量寿経優婆提舎願生偈《むりょうじゅきょううばだいしゃがんしょうげ》』（通称『往生論《おうじょうろん》』）という論書（註釈書）を著し、自らの浄土教理解を示した。

中国ではこの浄土三部経および龍樹や世親の論書の解釈を通して、中国独自の浄土教が醸成されていった。古くは四世紀ごろ、慧遠《えおん》が念仏結社である「白蓮社《びゃくれんじゃ》」を結成し、瞑想による見仏を意図した観想《かんそう》念仏（付録二二一頁参照）の実践に励んだが、高度な修行を必要とするため、民衆には拡がらなかった。

曇鸞《どんらん》は世親の『往生論』の解説書である『往生論註《おうじょうろんちゅう》』を著し、称名念仏の意義を説いた。つづく道綽《どうしゃく》は『安楽集《あんらくしゅう》』で仏教を聖道門と浄土門に分類し、浄土門を称揚した。次に善導は浄土三部経の一つ『観無量寿経』の註釈書である『観経疏《かんぎょうしょ》』等を著し、中国浄土教を大成するとともに、法然に大きな影響を与えた。

五三八年、日本に伝播した仏教だが、浄土教に関しては、まず円仁《えんにん》が比叡山に常行《じょうぎょう》三昧堂《ざんまいどう》を建立し、口称《くしょう》念仏と観想念仏による見仏の道場とした。

空也《くうや》は社会事業や貴賤を問わぬ口称念仏の布教を展開し、寺院を離れ、市聖《いちのひじり》・阿弥陀《あみだ》聖《ひじり》として遊行《ゆぎょう》し、踊り念仏を実践したが、それは個人としての行動であり、教団を形成することはなかった。平安時代後期には源信《げんしん》が『往生要集』を著し、極楽の情景や阿弥陀仏を視覚化する観想念仏を貴族に向けて説き、浄土教美術の発展に大きく寄与した。

それを受けて、鎌倉時代には、法然がさらに浄土教を洗練・純化し、専修念仏という新境地を開拓すると、それに影響を受けた親鸞は称名よりも信心を強調し、踊り念仏と札配りで独自の浄土教を展開した一遍などが次々に現れた。

【4．法然の生涯】

誕生

長承《ちょうしょう》二（一一三三）年、法然は漆間《うるま》時国《ときくに》を父とし、秦氏《はたうじ》出身の女性を母として、美作《みまさか》国《のくに》久米《くめ》南条《なんじょう》（現在の岡山県久米郡久米南町）に生を受けた。父の時国は、勢至菩薩にあやかって我が子を「勢至丸」と命名する。

九歳のとき、法然に悲劇が訪れた。時国は地方豪族であり、押領使《おうりょうし》という地域の治安維持役を担っていたが、荘園領主に代わって現地で荘園経営にあたっていた預所《あずかりどころ》の明《あか》石《し》定明《さだあきら》の夜襲に遭い、時国は殺されてしまったのである。

荘園の支配関係が混乱していた当時、役職上、押領使と預所とは利害が対立する関係にあり、両者はしばしば衝突した。明石定明の夜襲に遭って深傷を負い、亡くなる寸前に時国は息子の法然を枕元に呼び寄せ、「決して敵を恨むな。これも前世の報だ。お前が敵を恨めば、その怨みは代々にわたっても尽きがたい。はやく出家して私の菩提を弔い、お前自身も解脱を求めよ」と遺言した。

やられたらやり返すという当時の武士の常識から考えれば、定明は法然の復讐を怖れた。息子の法然を生かしておくことは自分の身を危うくすることになるからだ。逆に法然からすれば、定明に居場所を知られぬよう、身を隠す必要があった。そこで、法然は実家の近くにある那岐山《なぎさん》の菩提寺《ぼだいじ》の住職をし、また母の弟でもあった叔父の観覚《かんがく》に引き取られる。

観覚は法然の並々ならぬ非凡な能力に気づくと、自分のもとに留め置くのはもったいないと考え、当時の仏教の総合大学ともいうべき比叡山に法然を送ることにした。法然にすれば、九歳で父と死別し、そしてまた比叡山に登るとなると、母とも別れなければならなくなる。多感な少年にとっては、悲痛な経験であったに違いない。

比叡山に登る

一五歳のとき（一三歳の説もある）、法然は比叡山に向かって故郷を後にするが、観覚は法然を智慧で有名な文殊菩薩に喩え、「進上《しんじょう》、大聖文殊像一体《だいしょうもんじゅぞういったい》」と記した紹介状とともに比叡山に送り、旧知の仲であった源光《げんこう》に法然を委ねた。観覚同様、源光も法然の非凡な才能に気づき、歴史書『扶桑略記《ふそうりゃっき》』を著したことで知られる学僧の皇円《こうえん》に法然を託した。

ここで法然はついに剃髪し、比叡山東塔にある戒壇院《かいだんいん》で受戒すると、正式な出家者となる。このときに戒師を務めたのが叡空《えいくう》だったので、最初に比叡山でお世話になった師匠の「源光」から「源」を、またこのときに戒師を務めた「叡空」から「空」を一文字ずつもらい、「源空《げんくう》」と命名された。

「法然」というのは房号、すなわち僧侶の住居（房）の名前であり、「法然房源空」と呼ぶこともあるが、僧名は源空である。

遁世

真摯に道を求める法然にとって、当時の比叡山はあまりに世俗化しており、法然を幻滅させた。最高位をめぐる政争、名誉栄達に奔走する出家者、僧兵たちの蛮行等、枚挙にいとまがない。

法然は一八歳のとき、遁世（再出家）を決意し、比叡山西塔の黒谷に移住する。そこは真に道心ある者たちが集う場所であり、授戒の師である叡空もいて、彼の厳しい指導を受けながら、ときには師弟間で激しく論争し、修行の道を進んだ。

一八歳で遁世してから四三歳に回心《えしん》するまで、法然は二五年間の長きにわたって黒谷に引きこもる。この間、経蔵にこもって一切経を読んだり修行を積んだりと、懸命になって道を求めたが、一度だけ比叡山を下りたことがあった。

二四歳のとき、嵯峨の清凉寺《せいりょうじ》に参籠して三国伝来の霊像と言われる生身の釈迦像に平伏し、またその後は奈良に向かい、南都の学僧を訪問した。求めている教えが得られず、焦りばかりが募る法然の姿が偲ばれる。

「父の菩提を弔い、自らは己の解脱を求めよ」という父の遺言からすれば、法然が求めていたのは「自らの解脱」であろう。しかし自己省察が深まるほど、解脱は遠のいていく。まして末法の世、自分が解脱できるような教えはない。「智慧第一の法然房」と評された法然が「三学非器《さんがくひき》」と自らに絶望し、自分にピッタリ合う教えを模索しながらもそれが得られず、まさに絶望の淵に立たされていた。

回心

あるとき、経蔵で善導の『観経疏』を読んでいると、「一心専念弥陀名号行住坐臥不問時節久近念念不捨者是名正定之業順彼仏願故（一心にもっぱら阿弥陀仏の名号を称えて、何時いかなることをしていても、時間の長短にかかわらず、常に称え続けてやめないこと、これを正定の業というのである。それは阿弥陀仏の本願の意趣に適っているからである）」という文に出会い、法然はついに回心した。

厳しい修行をして解脱を求める〈自力の道〉ではなく、阿弥陀仏の慈悲に与って救われる〈他力の道〉、それこそが愚かな自分の、したがってすべての人びとが平等に救われる道だと考えた。これは末法という時代（時）と、その末法を生きる凡夫という存在（機）にふさわしい〈時機相応〉の教えであると見抜いたのである。

しかし、法然にはまだ迷いがあった。本当に自分の教えは人びとに受け入れられるのだろうかという迷い、あるいは知的に念仏往生を理解できても情的に念仏往生を体感できていないという迷いだ。

そんなとき、法然は不思議な夢を見る。下半身が金色《こんじき》の僧が現れ、法然の前で止まり、「私は善導である。あなたが専修念仏を広めるのが尊いので、やってきたのだ」と告げた。この夢を見たことで、法然の念仏往生に対する確信は深まっていく。

この夢の経験を経て、比叡山を降りた法然は、京都西山の広谷（現在の長岡京市あたり）に住む遊蓮房円照《ゆうれんぼうえんしょう》を訪れる。円照は善導流の念仏を実践して阿弥陀仏の存在を体感するという経験をしていたので、念仏往生の確信をさらに強めたかったのではないか。

念仏弘通へ

『観経疏』の一節に出会っての回心、夢中での善導と対面、そして円照との交流を経て、法然はようやく専修念仏弘通に向けての一歩を踏み出す。法然は広谷から吉水に移り住むが、そのころはまだ積極的に念仏を人に勧めることはなく、庵を訪ねる者に念仏を勧める程度で、自ら念仏の行に励むことが主であったようだ。

そんな中、法然の名声を高めるきっかけになる出来事がおこる。大原問答《おおはらもんどう》だ。当時、大原に隠棲していた天台宗の顕真《けんしん》は、世間の注目を浴びつつあった五四歳の法然を大原の勝林院《しょうりんいん》に招き、三論宗の明遍《みょうへん》、法相宗の貞慶《じょうけい》、天台宗の証真《しょうしん》や智海《ちかい》、その他にも東大寺の重源《ちょうげん》など、当時の一流の学僧たち三〇名以上と議論を闘わせる機会を設けると、法然は見事に勝利を収めた。

これは法然にとって、自分の教えを試す絶好の機会だったに違いないし、それに勝利したことで当時の仏教界における法然の名声は一挙に高まった。

大原問答で一躍有名になった法然の教えに傾倒する貴族や公家たちも現れたが、その中でも特筆すべきは、のちの関白の九条兼実《くじょうかねざね》である。有名になったとはいえ、法然は異端の宗教家だったが、関白の兼実が篤く法然に帰依したとあっては、周囲の見る目も大いに変わったに違いない。法然は兼実の願いに応じて授戒の戒師をしばしば務めたし、また兼実の願いに応じて、『選択《せんちゃく》本願念仏集』も撰述した。

また法然の念仏往生という易行の教えは、公家や貴族に止まらず、平重衡《たいらのしげひら》、熊谷直実《くまがいなおざね》、津戸三郎為守《つのとのさぶろうためもり》、そして大胡太郎実秀《おおごたろうさねひで》といった、人を殺すことを生業とする武士、また悪人として名高い阿波《あわ》の介《すけ》など、幅広い層の人びとに受け入れられ、新たな信者を獲得していったが、これは旧仏教側の目には由々しき事態に映った。

法難に遭う

念仏だけで救われるとする法然の教えは、誤解されれば悪を助長する怖れもあり、また実際にそのような行動をとる者もいたので、南都《なんと》北嶺《ほくれい》の僧侶たちは専修念仏を弾圧しようと、専修念仏の停止《ちょうじ》を天台座主《ざす》・真性《しんしょう》に訴えた。これに対し法然は「七ヶ条制誡《しちかじょうせいかい》（＝七箇条起請文《しちかじょうきしょうもん》）」を示し、門弟たちに問題行動の自粛を求めた。これを「元久《げんきゅう》の法難」と言う。

つづいて南都の奈良興福寺の僧侶たちは、「興福寺奏状《こうふくじそうじょう》」で法然の教えの過失を九ヶ条にわたって指摘し、院に専修念仏禁止を訴えたが、専修念仏は禁止されなかった。

しかしその後、後鳥羽上皇の留守中、上皇の女官が法然の門弟である安楽《あんらく》と住蓮《じゅうれん》が称える節付きの経文に魅了され、無許可で出家したことで、上皇の怒りをかって安楽と住蓮は死罪となり、法然は流刑となって、土佐に配流の宣旨が下った。建永二（一二〇七）年、法然七五歳のときである。これを「建永《けんえい》の法難」と言う。

晩年

同じ年、しばらくして赦免《しゃめん》の宣旨が下り、法然は四国から本州に戻ったが、入洛はかたく禁じられ、その間は摂津国の勝尾寺（現大阪府箕面市）に留まった。入洛が許されたのはその四年後であり、法然が七九歳のときであった。

帰京をはたした法然だったが、翌年の建暦二（一二一二）年の正月二三日、弟子の源《げん》智《ち》の求めで法然浄土教の真髄ともいうべき「一枚起請文《いちまいきしょうもん》」を残すと、二日後の二五日、ついに法然は往生の素懐《そかい》を遂げた。しかし死してもなお、旧仏教側からの弾圧は続き、法然の墓が暴かれるという「嘉禄《かろく》の法難」にも遭ったが、最終的には西山《せいざん》粟生野《あおの》で荼毘《だび》に付された。

【5．法然に関する思想】

法然の思想の特徴は、複雑な浄土教の贅肉を極限にまでそぎ落とし、専修念仏や念仏往生に結晶化しているので、法然独自の思想についてはこれ以上説明すべきことはない。よってここでは、法然浄土教を理解する上で必要な要語を解説する。

浄土三部経

浄土に言及する大乗経典は数多くあるが、その中でも阿弥陀仏や浄土（極楽）をくわしく説く経典が『無量寿経』『観無量寿経』『阿弥陀経』の三つであり、これを浄土三部経と言う。

『無量寿経』：ブッダが弟子アーナンダに対し、阿弥陀仏がいかにして成仏し、極楽浄土を構えるに至ったかを説明するのが本経の主題である。阿弥陀仏は成仏する前、法蔵《ほうぞう》という菩薩であった。彼は世自在王仏《せじざいおうぶつ》の前で四八の誓い（誓願）を立てて長時の修行に励み、それらの誓いが成就しない間は仏にならないと決心する。

そして修行の結果、その四八の誓いがすべて成就したので成仏し、法蔵菩薩から阿弥陀という名の仏になった。この経典にはインド原典が存在し、翻訳としてはチベット語訳と漢訳がある。漢訳は時代時代で数回訳され、五つの漢訳が現存している。

『観無量寿経』：これは王舎城《おうしゃじょう》の悲劇を扱った経典で、文学性に富む物語でもある。王舎城を治めるビンビサーラ王とヴァイデーヒー（韋提希《いだいけ》）夫人の間には、アジャータシャトル（阿闍世《あじゃせ》）という王子がいたが、彼はブッダの従兄弟である仏弟子デーヴァダッタ（提婆達多《だいばだった》）に唆《そそのか》され、父王を幽閉し殺してしまう。

それを悲しんだ王妃は世の無常を感じて阿弥陀仏の極楽浄土に憧憬《しょうけい》を感じた。王妃に乞われて説法に訪れたブッダは、この世にいながらにして極楽浄土を観想する方法を王妃に教えるが、これがこの経の主題である。この経典のインド原典は発見されておらず、中央アジアのウイグル語訳と漢訳が一つ存在するだけなので、この経のインド撰述は疑われており、中央アジアで成立したのではないかと推定されている。

『阿弥陀経』：浄土三部経の中では最も短く、前半は極楽の情景が詳細に描写され、後半は六方（東・南・西・北・上・下）の諸仏が阿弥陀仏を讃歎する内容になっている。この経典にはインド原典が存在し、チベット語訳に加えて漢訳が二つ存在する。

阿弥陀仏

大乗仏教の特質である多仏思想の起源についてはすでに解説したが、阿弥陀仏はその多仏思想の中で出てきた仏の一人である。

他にも大乗経典には、『華厳経』の毘盧遮那仏《びるしゃなぶつ》、『阿閦仏国経《あしゅくぶっこくきょう》』の阿閦仏《あしゅくぶつ》、また『薬師《やくし》如来本願経《にょらいほんがんきょう》』の薬師仏《やくしぶつ》など、多数の仏が登場するが、ブッダと違い、これらの仏は歴史上の仏ではない点に注意が必要だ。歴史的存在でないとすれば、いかなる仏と考えればよいか。ここでは「真理（あるいは理想）を人格化した仏」と定義しておこう。

さきほど、大乗仏教にはブッダの仏教に原点回帰した面があると指摘したが、この点を阿弥陀仏で確認する。この世に生を受け、八〇年の生涯を閉じて入滅したブッダは、時代とともに神格化の道をたどり、今生での覚りはこの世の六年間（二九歳〜三五歳）の修行だけで成就したのではないと考えられるようになる。

　インドの輪廻思想を背景に、ブッダは前世で生死を繰り返しつつ、ずっと修行をしてきたというわけだ。そしてその修行の起点として、「燃灯仏授記《ねんとうぶつじゅき》」という説話が創作された。これは、ブッダが過去世でスメーダという青年だったとき、燃灯仏に出会って心を清浄にし、彼のもとで誓願を立てると、燃灯仏はスメーダが将来、必ず仏になるという記を授けたという話である。これを授記（予言・保証）と言う。

　それ以来、ブッダは今生で覚りを開くまで、輪廻を繰り返しながらずっと修行してきたが、燃灯仏とスメーダ（ブッダの前生）の関係は、世自在王仏と法蔵菩薩の関係に置換可能なのである。つまり名前は阿弥陀仏だが、これはブッダが大乗仏教的に再解釈された仏であると言えよう。

　さてこの「阿弥陀仏」という名称だが、これはサンスクリットを漢字で音写したものであり、漢字に意味はない。原語には amitāyus と amitābha の二つがあり、前者は「無量の（amita）寿命（āyus）」、後者は「無量の（amita）光明（ābha）」を意味する。

つまり阿弥陀仏は「無量の寿命と無量の光明を持つ仏」となり、二つの名前に共通する前半だけを音写して、「阿弥陀」と漢訳されたのである。

誓願と本願

法然や親鸞の浄土教では「本願《ほんがん》」が重要だが、これは「本（過去世）の誓願」の略称である。では、どうしてそれが重要な意味を持つのか。これを知るには、浄土三部経の一つ『無量寿経』の記述に注目する必要がある。

その粗筋は「昔、世自在王仏の世に、一人の王が彼のもとで出家して法蔵と名のった。彼は一切衆生を救済するため、世自在王仏の前で四八の誓願を立て、その誓願を実現するため、長時にわたって修行を重ね、ついに阿弥陀仏となった」とまとめられる。

そしてその四八願のうち、第一八番目が念仏往生《ねんぶつおうじょう》の根拠となる。サンスクリットからの和訳は、「もしも私が覚りを得たとき、人びとが私の名前を聞き、私の国に生まれたいと願い、（中略）たとえ心をおこすことが十遍に過ぎなかったとしても、我が国に生まれないようであったら、その間、私は覚りを開きません」となる。

傍線部分は、漢訳『無量寿経』で「乃至十念《ないしじゅうねん》」と訳されるが、これが念仏往生の根拠となる。なぜか。「十念すれば必ず極楽に往生できるようにする。できない間は仏にならない」という誓いを立てて修行し、仏になったということは、この約束は果たされていることになるからだ。

つまり、「十念すれば極楽に往生できる」という約束（誓い）は〈果たされている〉ということになり、〈誓願〉が〈本願〉（つまり過去世の誓願）になったということは、「誓願（約束）が成就した（果たされた）」ことを意味する。こういうわけで、本願は「念仏往生の根拠」となっているので、重視されるのである。

浄土と極楽

世界観の発展にともない、大乗仏教の世界観は三千大千世界にまで拡がる。そしてその各世界にはそれぞれ別の仏がいてもかまわないから、世界の数だけ仏も存在してもよい。そして、その仏が構える国土のことを「浄土」と言うが、その数ある浄土の一つが阿弥陀仏の「極楽（または「安楽」「安養」とも漢訳される）」であり、原語は「スカーヴァティー（楽あるところ）」である。

つまり、浄土とは〈普通名詞〉であり、さまざまな浄土が存在するが、その浄土の中で、阿弥陀仏が構える浄土のことを「極楽」というので、極楽は〈固有名詞〉である。この他にも、阿閦仏の構える浄土を「妙喜《みょうき》」と言う。

念仏

念仏とは、「仏を念じること」が本来の意味である。初期仏教以来、念仏は「仏の功徳を思い浮かべること」という意味で使われてきた。それが部派仏教から大乗仏教の時代になると、抽象的な「仏の功徳」から具体的な「仏の姿形」を思い浮かべることを念仏と言うようになる。

しかし、善導は新たな解釈を施し、念仏の意味を変化させた。すなわち、『観無量寿経』に「令声不絶具足十念称南無阿弥陀仏（声を絶やすことなく、十念を具足して、南無阿弥陀仏と称す）」と説かれていることを根拠に、善導は「念称是一（念と称〔＝声〕は同じ）」ととらえ、さきほど取りあげた『無量寿経』の漢訳「乃至十念」を「下至十声《げしじっしょう》（下は十声に至るまで）」と読みかえた。

これにより、従来の「仏の功徳や具体的な姿形を思い浮かべる」という〈心の念仏〉が、声に出して「南無阿弥陀仏」と称える〈声の念仏〉に生まれ変わったのである。

これをうけ、精神を集中して仏の姿を視覚化する従来の念仏を〈観想念仏〉、「南無阿弥陀仏」と口で称えることを〈口称念仏〉と表現し、両者を区別する。観想念仏は特別な修行を要するので誰でも実践することはできないが、口称念仏は南無阿弥陀仏と声に出して称えるだけなので、誰でも実践可能である。

では、「南無阿弥陀仏」の「南無」について解説する。これはサンスクリット namas/namo を漢字で音写したものである。namas/namo は「帰依する／帰命する」、つまり「すべてを任せる」の意で、「南無阿弥陀仏」は「阿弥陀仏に帰依する／帰命する」という〈信〉の表明を意味する。同様に、題目の「南無妙法蓮華経」は、「妙法蓮華経（法華経）に帰依する／帰命する」という意味になる。

末法という危機的時代意識に照らし、誰もが実践できる行として法然は口称念仏を観想念仏に優先させたが、その法然の念仏観は善導のそれをそのまま継承したのであり、善導の新たな解釈がなかったら、法然の念仏は生まれていなかったであろう。

三心

善導は『観無量寿経』の記述に基づき、極楽往生の要件として三心の具足を唱えた。

三心とは、至誠心《しじょうしん》・深心《じんしん》・廻向発願心《えこうほつがんしん》の三つを言い、この三つの心を具足して念仏を称えることが往生に必要だと説いたのである。

至誠心：真実の心、誠の心のことで、具体的に言えば、この次に説明する深心と廻向発願心について嘘偽りのない心のことを言う。

深心：深く信じる心のことで、具体的には次の二つのことを深く信じることを指す。一つは〈機（自分の能力）の深心〉で、自分は煩悩具足の凡夫であり、自分の力では覚ることができない存在であることを深く信じること、もう一つは〈法（阿弥陀仏の救済）の深心〉で、そのような煩悩具足の凡夫である自分を救済するために阿弥陀仏の慈悲があるのだと深く信じることである。

廻向発願心：自分がこれまでに積んできた善根・功徳のすべてを極楽往生に回し向け（振り向け）、極楽に往生したいという願いを発こす心である。

善導は、この三つの心を具足して念仏を称えること（三心＋念仏）が往生の条件であると考えた。

一方、「偏依善導《へんねぜんどう》」を標榜した法然だが、一枚起請文では、「三心四修《さんじんししゅ》と申すことの候は、皆決定《けつじょう》して南無阿弥陀仏にて往生するぞと思ううちにこもり候なり」とあり、「念仏すれば自ずと三心は具わってくる（往生の因は念仏のみ）」と指摘しているので、これは善導の解釈をそのまま受け入れているのではなく、法然独自の解釈を施していることになる。

聖道門／浄土門

インドで創作された数多くの経典は、中央アジアを経て中国に将来された。しかも、成立の古い順番にもたらされたのではなく、順不同で中国に入っていった。すると、受け入れた中国人からすれば、内容がバラバラの経典が順不同で入ってくるので、それを何らかの基準で整理しなければ収拾がつかなくなる。

この経典の整理が〈教相判釈《きょうそうはんじゃく》〉であり、教相（経典の内容）を判釈（判断し解釈）することになる（略して「教判」）。視点を変えればさまざまな分類が可能だが、もっとも有名なのが天台大師智顗《ちぎ》の〈五時八教《ごじはっきょう》の教判〉であり、諸経の中で法華経を最高の経典として位置づけたが、浄土教を考える上では、道綽が考案した〈聖道門／浄土門〉という分類が重要だ。

道綽はインド将来の膨大な経典を、自力で覚りを開くことを説く経典（聖道門）と、他力で救済されることを説く経典（浄土門）に分類し、浄土門の価値を称揚した。法然も『選択集』の中で、これに基づき仏の教えを選択している。

智顗や道綽の例からわかるように、〈教相判釈〉は単に経典を分類するのではなく、経典の優劣や深浅を判定する作業であり、数ある経典の中から、自分なりに価値ある経典を選択するため、数ある経典に価値判断を下す作業でもあった。

選択

法然が最終的に念仏という行を選び抜いた経緯について説明する。それは選択《せんちゃく》という手法による。道綽の聖道門と浄土門という教判に基づいて、法然は全仏教を二分し、この中から浄土門を選択する（第一の選択）。

つづいて、今度は浄土門を正行《しょうぎょう》（阿弥陀仏と深く関わる行）と雑行《ぞうぎょう》（阿弥陀仏と深く関わらない行）とに二分し、この中から正行を選択する（第二の選択）。

そして最後に、正行を正定業《しょうじょうごう》（阿弥陀仏の御名を称える行）と助業《じょごう》（それ以外の行）とに二分し、この中から正定業を選択する（第三の選択）。そして、この称名の行こそ阿弥陀仏の本願にかなった行であり、必ず往生できると法然は説く。このように、念仏は三重の選択により選び取られた行と言うことができる。

末法思想

これは、時代が下るほど世の中が悪くなるという仏教独自の歴史観であり、三つの時代に分類される。

最初は正法《しょうほう》（仏滅後五〇〇年）といい、教（教法）と行（実践者）と証（覚り）の三つがそろっている時代である。つまり、ブッダの教えが存在し、それを実践する人がいて、実際に覚りを開く人がいる時代である。

その後には像法《ぞうほう》（正法後一〇〇〇年）の時代。教えがあり、それを実践する人もいるが、覚りを開く者がいない時代がやってくる。そして最後に末法《まっぽう》（像法後一万年）という世も末の時代が待ち構えている。この時代にあるのは教えだけであり、それを実践する人も、覚りを開く人もいない時代である。日本では一〇五二年が末法元年と考えられた。

これと軌を一にして、平安末期には戦乱・天災・飢饉が頻発し、余計に末法は現実味を以て当時の人びとに受け入れられたと推察されるが、そのような時代とそのような時代に生きる人びとにふさわしい仏教を法然は模索し、念仏往生にその解を見出したのである。

おわりに

ようやく、ゴールにたどり着いた。ふりかえれば、本書はパソコンでのメモ書きに端を発する。出版社から依頼されたわけでも、〈これについて本を書こう〉と自ら固く決意したわけでもなかった。

当時、担当を任されることになった授業「浄土学」の構成や内容を考えるべく、パソコンにメモ書きしていた。夏休みに京都から実家へ帰省する、山陰本線の「特急きのさき七号」の車中でのこと（ちなみに、私は「鉄ちゃん」ではない）。

だが、それがこのような一冊の著書という形をとった要因は何だったのだろう。宇宙意志が働いたのか、はたまたブッダと法然のご加護か、いやいや……。

「日本のマチュピチュ（あるいは「天空の城」）」で一躍有名になった兵庫県朝来市の竹田城跡がある山麓の浄土宗寺院・法樹寺の長男として、私はこの世に生を受けた。最初は自坊を継ぐべく、大学に進学して仏教の勉強を少々と所定の修行を何とかこなし、卒業後は自坊に帰って住職を、と両親も考えていたし、私も考えていた。しかし何の因果か、ちょっぴり研究することに魅力を感じ、大学院に進学。

修士課程修了後は自坊に帰って、今度こそ住職を、と両親も考えていたし、私も考えていたが、実際に修了するとなると、ここまできたのならあと三年、博士課程に進んでから自坊に帰っても遅くはあるまい、と京都に居残り、最終年の三年目、「アメリカに留学しないか」と恩師の佛教大学教授・並川孝儀先生に勧められて色気をだしたのが、そもそも脱線の始まり、いや運の〈尽き〉、いやいや運の〈付き〉（⁉）だった。

留学中、研究の面白さにはまるや、不器用な私に住職と研究者の二足の草鞋ははけそうもなく、弟がいたのをこれ幸いに自坊は彼に任せ、私は京都で研究者の道に進んだ。何度もその気にさせておいて最後の最後に裏切るとは、何という親不孝者（そして、檀家の皆さん、スミマセン！）。でもそんな私に文句一つ言うでもなく、温かく見守ってくれたのが両親、とりわけ父だった。

思えば、浄土宗の寺に生まれた時点で、この本を書く下地は整っていたのかもしれないが、父が私のわがままを聞き入れてくれなかったら、この本は絶対に書けていない。絶対に……。

今まで何冊か本を書く機会に恵まれたが、振り返れば、その多くは誰かに対する罪滅ぼしや恩返しのために書いており、本書もその例外ではない。ブッダと法然に関する著書を上梓できた要因は多々あるが、私のわがままを許してくれた父は、確実にその最大の要因である。

というわけで、本書は父に捧げるつもりだったのだが……。出版に向けて準備中の三月一七日午後一〇時三二分、父は遷化《せんげ》してしまった。存命中に本書を手渡したかったのだが、残念ながら間に合わず（涙）。となれば、極楽での修行の合間に天眼通《てんげんつう》で見てもらうしかない。それもいいだろう。所詮この世は娑婆（忍土）、思いどおりにはならないのだから。

ともかく、住職として父の後は継げなかったが、今回の出版は、父に対してはもとより、仏教に対する、つまりはブッダと法然に対する私なりの恩返しでもある。寺院の住職とは違った立場で仏教の素晴らしさを伝えたり、ブッダや法然の思想の価値を語ったりするのもアリだと勝手に思っている。

これでも、愚鈍な私なりに自分の使命を果たしているつもりなのです。極楽浄土で修行中の父上、どうか、どうかお許しを（南無阿弥陀仏）！

本書が読者の皆さんのブッダ理解や法然理解のお役に立てれば、幸甚である。

さて本書の出版にあたっては、佛教大学准教授・伊藤真宏氏、そして京都文教大学講師・林雅清氏より、有益な示唆や厳し（くも優し）い指摘を数多く頂戴した。

また、浄土宗龍岸寺住職で、浄土宗総本山知恩院発行の月刊誌『知恩』の編集を担当されている池口龍法上人は、出版社を探している私に新潮社の金寿煥氏を紹介して下さると、金氏は私のわがままを快く（だといいのだが）聞き入れて下さり、めでたく新潮社からの出版となった。

父はもちろん、これらの人々のお力添えと援助がなければ、本書は日の目を見ることがなかったであろう。この紙面を借りて、お世話になった皆さまに甚深の謝意を表する。

本当にありがとうございました。


【俗名】平岡隆信【法名】照蓮社法譽上人教阿導善隆信大和尚に本書を捧げる。

「父上、極楽での修行は順調ですか？」

二〇一六年六月二三日（父が愛した母の、八三回目の誕生日に）

平岡　聡

※本書は、浄土宗総本山知恩院発行の月刊誌『知恩』（平成二六年四月～二八年三月）に連載したエッセイ「ブッダと法然―その比較から見えてくるもの―」に大幅な加筆修正を加えたものである。とくに第五章と付録は、本書のために新たに書き下ろした。

【主要参考文献】

阿満利麿『法然の衝撃：日本仏教のラディカル』（人文書院、一九八九）
――――『法然を読む：「選択本願念仏集」講義』（角川書店、一九九九）
――――『法然入門』（筑摩書房、二〇一一）
石井教道『選擇集全講』（平楽寺書店、一九九八）
井川定慶『法然上人絵伝全集』（法然上人伝全集刊行会、一九五二）
――――『法然上人絵伝の研究』（法然上人伝全集刊行会、一九六一）
石上善應『おおらかに生きる・法然（仏教を生きる8）』（中央公論新社、二〇〇〇）
――――『浄土宗小事典』（法蔵館、二〇〇一）
――――『選択本願念仏集・法然』（筑摩書房、二〇一〇）
伊藤唯真『法然の世紀：源平争乱の世に万民救済を説く』（浄土宗出版、二〇〇一）
井上洋治『法然：イエスの面影をしのばせる人』（筑摩書房、二〇〇一）
石丸晶子『式子内親王伝：面影びとは法然』（朝日新聞社、一九八九）
――――『法然の手紙：愛といたわりの言葉』（人文書院、一九九一）
梅原　猛『法然の哀しみ（梅原猛著作集10）』（小学館、二〇〇〇）

――『法然・親鸞・一遍（梅原猛の仏教の授業）』（ＰＨＰ研究所、二〇一二）
大橋俊雄『法然と浄土宗教団』（教育社、一九七八）
――『法然全集（第一巻）』（春秋社、一九八九）
――『法然全集（第二巻）』（春秋社、一九八九）
――『法然全集（第三巻）』（春秋社、一九八九）
――『選択本願念仏集』（岩波書店、一九九七）
――『法然上人絵伝（上）』（岩波書店、二〇〇二）
――『法然上人絵伝（下）』（岩波書店、二〇〇二）
左方郁子『法然（京都・宗祖の旅）』（淡交社、一九九〇）
佐々木正『法然と親鸞：はじめて見たつる思想』（青土社、二〇〇三）
釈　徹宗『法然親鸞一遍』（新潮社、二〇一一）
浄土宗総合研究所『現代語訳・法然上人行状絵図』（浄土宗出版、二〇一三）
末木文美士『日本仏教史：思想史としてのアプローチ』（新潮社、一九九六）
高橋弘次『法然の宗教：万民救済の原理』（浄土宗出版、二〇〇四）
田村円澄『法然上人伝の研究』（法蔵館、一九五六）
――『法然（人物叢書）』（吉川弘文館、一九五九）
知恩院浄土宗学研究所編集委員会『法然上人のお言葉：元祖大師御法語』（総本山知恩院布教師会、二〇一〇）

【主要参考文献】

辻直四郎『リグ・ヴェーダ讃歌』（岩波書店、一九七〇）
中井真孝『法然伝と浄土宗史の研究（思文閣史学叢書）』（思文閣出版、一九九四）
――『絵伝にみる法然上人の生涯』（法蔵館、二〇一一）
長尾雅人『仏教の源流　インド』（大阪書籍、一九八四）
中村　元『浄土三部経（上）』（岩波書店、一九九〇）
――『浄土三部経（下）』（岩波書店、一九九〇）
――『ゴータマ・ブッダ Ⅰ（中村元選集［決定版］第11巻）』（春秋社、一九九二）
――『ゴータマ・ブッダ Ⅱ（中村元選集［決定版］第12巻）』（春秋社、一九九二）
――『エリアーデ仏教事典』（法蔵館、二〇〇五）
名島潤慈『夢と浄土教：善導・智光・空也・源信・法然・親鸞・一遍の夢分析』（風間書房、二〇〇九）
並川孝儀『ゴータマ・ブッダ考』（大蔵出版、二〇〇五）
奈良康明『釈尊との対話』（日本放送出版協会、一九八八）
原　実『ブッダ・チャリタ（大乗仏典一三）』（中央公論社、一九七四）
平岡　聡『法華経成立の新解釈：仏伝として法華経を読み解く』（大蔵出版、二〇一二）
――『大乗経典の誕生：仏伝の再解釈でよみがえるブッダ』（筑摩書房、二〇一五）
平川　彰『初期大乗仏教の研究Ⅰ（平川彰著作集第三巻）』（春秋社、一九八九）
佛教大学『法然上人の思想と生涯』（東方出版、一九八四）

町田宗鳳『法然：世紀末の革命者』（法蔵館、一九九七）
――『法然を語る（上）』（日本放送出版協会、二〇〇九）
――『法然を語る（下）』（日本放送出版協会、二〇〇九）
――『法然・愚に還る喜び：死を超えて生きる』（日本放送出版協会、二〇一〇）
松岡正剛『法然の編集力』（NHK出版、二〇一一）
松濤誠達「古代インドにおける数のシンボリズム：7の考察」『仏教学』（一六、一九八三）
水野弘元『釈尊の生涯』（春秋社、一九八五）
蓑輪顕量『日本仏教史』（春秋社、二〇一五）
宮坂宥勝『仏教の起源』（山喜房仏書林、一九七一）
山本博子『図解雑学・法然』（ナツメ社、二〇〇五）
渡辺照宏『新釈尊伝』（筑摩書房、二〇〇五）
――『涅槃への道：仏陀の入滅』（筑摩書房、二〇〇五）

平岡　聡　1960（昭和35）年京都市生まれ。京都文教学園学園長・京都文教大学学長。佛教大学大学院博士課程満期退学。博士（文学）。2014年より現職。著書に『法華経成立の新解釈』『大乗経典の誕生』『ブッダの処世術』など。

Ⓢ新潮新書

684

ブッダと法然《ほうねん》

著　者　平岡《ひらおか》　聡《さとし》

2016年９月20日　発行
2025年２月５日　２刷

発行者　佐　藤　隆　信
発行所　株式会社新潮社
〒162-8711　東京都新宿区矢来町71番地
編集部(03)3266-5430　読者係(03)3266-5111
http://www.shinchosha.co.jp

印刷所　株式会社光邦
製本所　加藤製本株式会社

ISBN978-4-10-610684-2 C0215

Ⓢ新潮新書

658
はじめての親鸞
五木寛之

波瀾万丈の生涯と独特の思想――いったいなぜ、日本人はこれほど魅かれるのか？　半世紀の思索をもとに、その時代、思想と人間像をひもといていく。平易にして味わい深い名講義。

439
法然親鸞一遍
釈 徹宗

〝悟り〟から〝救い〟の道へ――。凡人が救われる道を示した法然。「悪人」の仏道を説く親鸞。遊行の境地に達した一遍。仏教に革命をもたらした、日本浄土仏教の真髄に迫る。

421
マイ仏教
みうらじゅん

グッとくる仏像や煩悩まみれの自分と付き合う方法、地獄ブームにご機嫌な菩薩行……。辛いときや苦しいとき、いつもそこには仏教があった――。その魅力を伝える、M・J《みうらじゅん》流仏教入門。

404
迷える者の禅修行
ドイツ人住職が見た日本仏教
ネルケ無方

ドイツで坐禅に出会い、悟りを求めて日本で出家。この国の仏教に失望しながらも、ようやく辿り着いた、自給自足・坐禅三昧の修行生活。日本人が忘れた「本物の仏教」がここにある！

987
マイ遍路
札所住職が歩いた四国八十八ヶ所
白川密成

札所の住職が六十八日をかけてじっくりと歩いたお遍路の記録。美しい大自然、幽玄なる寺院、空海の言葉……人々は何を求めて歩くのか――。日本が誇る文化遺産「四国遍路」の世界。